Kreator Video dengan Canva

Dayat Suryana

Published by Dayat Suryana, 2025.

KREATOR VIDEO DENGAN CANVA

First edition. October 3, 2025.

ISBN: 979-8232406493

Written by Dayat Suryana.

Daftar Isi

Kata Pengantar

Puji syukur saya panjatkan ke hadirat Tuhan Yang Maha Esa karena atas berkat dan rahmat-Nya, buku berjudul **"Kreator Video Visual Cerita: Panduan Lengkap dari Pemula hingga Mahir dengan Canva"** ini dapat terselesaikan dengan baik. Buku ini disusun sebagai panduan praktis yang bertujuan membantu siapa saja yang ingin belajar membuat video visual cerita, terutama dengan memanfaatkan platform Canva yang mudah diakses dan ramah bagi pemula.

Dalam era digital yang serba cepat ini, video menjadi salah satu media komunikasi paling efektif dan populer. Namun, banyak orang masih merasa kesulitan untuk memulai, terutama dalam hal teknis dan proses kreatif. Melalui buku ini, saya ingin menunjukkan bahwa siapa pun bisa menjadi kreator video yang handal dengan langkah-langkah sederhana dan teknik yang jelas, tanpa harus memiliki latar belakang teknis yang mendalam.

Buku ini tidak hanya membahas penggunaan Canva sebagai alat utama, tetapi juga mengupas aspek storytelling, desain, editing, dan strategi distribusi video yang efektif. Saya berharap buku ini dapat menjadi sumber inspirasi dan referensi praktis bagi pelajar, pekerja kreatif, pebisnis, maupun siapa saja yang ingin mengekspresikan ide dan cerita melalui video.

Saya mengucapkan terima kasih kepada semua pihak yang telah membantu dalam proses penyusunan buku ini, mulai dari para ahli, rekan kreator, hingga keluarga yang selalu memberikan dukungan. Semoga buku ini dapat memberikan manfaat besar dan mendorong lebih banyak orang untuk berkarya dan berkembang dalam dunia kreatif digital.

Selamat membaca dan selamat berkarya!

Dayat Suryana

Bandung, 29 September 2025

Pendahuluan

Di era digital saat ini, kemampuan untuk bercerita secara visual menjadi salah satu keterampilan yang sangat berharga. Video telah menjadi media utama untuk menyampaikan pesan, menghibur, dan membangun koneksi dengan audiens di seluruh dunia. Namun, tidak semua orang memiliki akses atau keahlian untuk membuat video profesional yang menarik. Di sinilah peran alat-alat kreatif seperti Canva menjadi sangat penting.

Canva, yang awalnya dikenal sebagai platform desain grafis yang mudah digunakan, kini telah berkembang menjadi solusi lengkap untuk membuat berbagai jenis konten visual, termasuk video visual cerita. Dengan fitur-fitur intuitif dan beragam template, Canva memungkinkan siapa saja, mulai dari pemula tanpa pengalaman teknis hingga kreator yang ingin mempercepat proses produksi, untuk menghasilkan video yang menarik dan profesional.

Buku ini hadir sebagai panduan lengkap dan praktis bagi kamu yang ingin belajar membuat video visual cerita menggunakan Canva. Mulai dari dasar-dasar penggunaan Canva, cara mengembangkan ide cerita, hingga teknik editing dan publikasi, semua akan dibahas secara bertahap dan mudah dipahami. Setiap bab dirancang untuk membantumu berkembang dari seorang pemula menjadi kreator video yang mahir dan percaya diri.

Selain membahas aspek teknis, buku ini juga menyoroti pentingnya storytelling, pemilihan musik, pengelolaan waktu, hingga strategi membangun audiens dan memonetisasi karya video. Dengan pendekatan yang menyeluruh, kamu tidak hanya akan mendapatkan keterampilan membuat video, tetapi juga memahami bagaimana video dapat menjadi alat komunikasi yang efektif dan berdampak.

Apapun latar belakangmu, pelajar, pekerja kreatif, pengusaha, atau hobi, buku ini akan membekalimu dengan pengetahuan dan teknik yang dapat langsung dipraktikkan. Mari kita mulai perjalanan kreatif ini bersama-sama, menjelajahi dunia video visual cerita yang penuh peluang dan inovasi.

Selamat membaca dan berkarya!

Bab 1: Pengenalan Canva dan Video Visual Storytelling

Pendahuluan

Di era digital saat ini, media visual telah menjadi salah satu cara paling efektif untuk menyampaikan pesan dan cerita. Video visual storytelling, yaitu teknik menyampaikan cerita menggunakan elemen visual seperti gambar, animasi, teks, dan suara, semakin populer karena mampu menarik perhatian dan membuat pesan lebih mudah dipahami.

Untuk membuat video visual cerita yang menarik, kita membutuhkan alat yang mudah digunakan dan menyediakan berbagai fitur pendukung. Salah satu platform yang banyak dipilih adalah **Canva**, sebuah aplikasi desain grafis yang sederhana namun sangat powerful, yang kini juga menawarkan fitur video editing.

Apa itu Canva?

Canva adalah platform desain grafis berbasis web yang diluncurkan pada tahun 2013 oleh Melanie Perkins, Cliff Obrecht, dan Cameron Adams. Awalnya Canva digunakan untuk membuat desain grafis statis seperti poster, kartu, dan presentasi. Namun, seiring perkembangan kebutuhan pengguna, Canva mengembangkan fitur video editing yang memungkinkan pengguna membuat video pendek, animasi, dan berbagai konten visual interaktif.

Keunggulan Canva terletak pada kemudahan penggunaan, antarmuka yang intuitif, dan perpustakaan aset yang sangat lengkap — mulai dari template, gambar, ilustrasi, font, hingga musik dan efek animasi. Dengan Canva, siapa saja, termasuk pemula tanpa latar belakang desain atau video editing, bisa menghasilkan karya visual yang profesional dan menarik.

Mengapa Canva Cocok untuk Video Visual Storytelling?

Membuat video visual cerita memerlukan perpaduan antara narasi dan visual yang harmonis. Canva menyediakan berbagai alat dan fitur yang memudahkan proses tersebut:

1. **Template Siap Pakai:** Canva menawarkan ratusan template video yang bisa langsung digunakan dan diedit sesuai kebutuhan cerita kamu. Ini mempercepat proses produksi dan memberi inspirasi desain.
2. **Drag-and-Drop Interface:** Tidak perlu paham teknik editing rumit, cukup seret dan lepas elemen ke dalam proyek video kamu.
3. **Perpustakaan Aset Lengkap:** Mulai dari gambar, ikon, ilustrasi, hingga musik bebas royalti tersedia dalam satu platform.
4. **Animasi dan Transisi:** Fitur animasi yang mudah diaplikasikan pada teks dan gambar membuat cerita kamu lebih hidup dan dinamis.
5. **Multi-Platform:** Video yang dibuat bisa langsung diunduh dan diunggah ke berbagai platform sosial media, dari YouTube, Instagram, hingga TikTok.
6. **Kolaborasi Mudah:** Fitur berbagi proyek memungkinkan kerja tim dalam satu waktu, memudahkan revisi dan brainstorming.

Apa itu Video Visual Storytelling?

Video visual storytelling adalah metode bercerita yang menggunakan kombinasi gambar, teks, animasi, dan suara untuk menyampaikan pesan atau cerita kepada audiens. Ini berbeda dengan video biasa karena menekankan pada penggabungan unsur visual yang dirancang secara strategis agar pesan tersampaikan dengan jelas dan emosional.

Beberapa elemen penting dalam video visual storytelling:

- **Narasi/Teks:** Menjelaskan atau menceritakan alur cerita.
- **Visual/Gambar:** Mengilustrasikan isi cerita secara visual.
- **Animasi:** Memberikan efek gerak untuk menarik perhatian.
- **Audio/Narasi Suara:** Memperkuat suasana dan konteks cerita.
- **Transisi:** Menghubungkan antar adegan secara halus.

Manfaat Video Visual Storytelling

- **Meningkatkan Pemahaman:** Audiens lebih cepat menangkap pesan melalui gambar dan suara.
- **Membangun Emosi:** Visual dan audio bisa membangun ikatan emosional yang kuat.
- **Memudahkan Promosi:** Konten video lebih mudah viral di media sosial.
- **Meningkatkan Retensi Informasi:** Pesan yang disampaikan secara visual lebih mudah diingat.

Target Pembaca Buku Ini

Buku ini dirancang untuk siapa saja yang ingin belajar membuat video visual cerita menggunakan Canva, mulai dari:

- Pemula yang belum pernah menggunakan Canva.
- Penulis yang ingin menghidupkan novel atau cerita mereka dalam bentuk video.
- Kreator konten media sosial.
- Guru dan pendidik yang ingin membuat materi belajar interaktif.

- Pebisnis yang ingin mempromosikan produk dengan storytelling visual.

Ringkasan Bab Ini

Di bab pertama ini, kita sudah mengenal:

- Apa itu Canva dan sejarah singkatnya.
- Mengapa Canva cocok untuk membuat video visual cerita.
- Definisi dan elemen video visual storytelling.
- Manfaat video visual storytelling.
- Siapa yang akan mendapatkan manfaat dari buku ini.

Kesimpulan

Sekarang kamu sudah punya gambaran kenapa Canva adalah alat yang tepat untuk mulai membuat video visual cerita. Di bab selanjutnya, kita akan mulai masuk ke langkah pertama yaitu **menyiapkan ide cerita dan membuat storyboard sederhana**, agar proses pembuatan video jadi lebih terstruktur dan mudah.

Bab 2: Persiapan Membuat Video Visual Cerita. Dari Ide ke Storyboard

Pendahuluan

Sebelum masuk ke proses teknis membuat video di Canva, sangat penting untuk mempersiapkan pondasi yang kuat berupa konsep dan perencanaan cerita. Seperti membangun sebuah rumah, pondasi yang kokoh akan menentukan kualitas hasil akhir. Dalam dunia video visual storytelling, pondasi tersebut adalah ide cerita yang jelas dan storyboard yang terstruktur.

Di bab ini, kita akan belajar bagaimana menyusun ide cerita, mengubah naskah menjadi storyboard visual, serta merancang alur cerita yang efektif agar video yang kamu buat nanti tidak hanya menarik tapi juga mudah dipahami audiens.

Memahami Konsep Cerita yang Ingin Kamu Sampaikan

Apa Tujuan Ceritamu?

Pertama, tanyakan pada dirimu sendiri: **"Apa tujuan dari video visual cerita yang akan aku buat?"** Apakah untuk:

- Menghibur?
- Mendidik?
- Mempromosikan produk atau jasa?
- Menginspirasi atau menyampaikan pesan moral?

Mengetahui tujuan sangat penting karena akan menentukan gaya cerita, tone, dan elemen visual yang akan kamu gunakan.

Siapa Audiens Targetmu?

Siapa yang akan menonton video kamu? Anak-anak, remaja, dewasa, profesional, atau umum? Setiap kelompok audiens punya preferensi gaya visual dan bahasa yang berbeda.

Misalnya, video untuk anak-anak cenderung menggunakan warna cerah dan animasi lucu, sementara video edukasi untuk profesional lebih formal dan fokus pada informasi.

Menulis Naskah Cerita yang Jelas dan Ringkas

Sebelum membuat storyboard, kamu perlu punya **naskah cerita** yang akan dijadikan panduan visual. Berikut tips menulis naskah:

- **Buat outline cerita**: Mulai dengan garis besar alur cerita, pembukaan, konflik, klimaks, dan penyelesaian.
- **Gunakan bahasa sederhana dan jelas** agar mudah dipahami.
- **Pecah naskah menjadi bagian-bagian pendek** yang nantinya akan menjadi "slide" atau "scene" di video.
- **Tulis dialog dan narasi** yang sesuai dengan karakter dan suasana.

Mengenal Storyboard: Apa dan Mengapa?

Definisi Storyboard

Storyboard adalah rangkaian gambar atau sketsa yang menggambarkan alur cerita secara visual. Ibarat komik, tapi fokusnya untuk merencanakan video.

Fungsi Storyboard

- Membantu memvisualisasikan naskah menjadi gambar.
    - Menentukan komposisi setiap adegan.
    - Mengatur urutan dan durasi scene.
    - Memudahkan komunikasi dengan tim jika ada.

Membuat Storyboard Sederhana

Langkah-langkah Membuat Storyboard

1. **Bagi cerita menjadi beberapa scene**
   Setiap bagian penting dari cerita jadi satu scene.
2. **Gambar sketsa kasar tiap scene**
   Gak perlu gambar bagus, yang penting ada gambaran kasar tentang apa yang terlihat.
3. **Tulis deskripsi singkat**
   Tambahkan narasi atau dialog di bawah gambar.
4. **Tentukan durasi tiap scene**
   Berapa lama video akan menampilkan scene tersebut.
5. **Catat efek animasi atau transisi** (jika ada)

Tools Membuat Storyboard

Kamu bisa membuat storyboard dengan cara:

- Menggunakan kertas dan pensil (manual).
- Pakai aplikasi digital seperti Canva (desain slide kosong), PowerPoint, atau aplikasi khusus storyboard (Storyboard That, Boords).

Contoh Storyboard Sederhana untuk Visual Cerita

Misal kamu ingin membuat video cerita pendek tentang robot kesepian (topik yang kamu sebut sebelumnya). Berikut contoh ringkas storyboard:

Scene	Visual	Narasi / Dialog	Durasi	Efek
1	Robot di ruang kosong	"Aku adalah robot yang kesepian."	5 detik	Fade in
2	Robot mencoba bicara	"Apakah ada yang mendengarku?"	7 detik	Zoom in
3	Robot menatap langit	"Aku berharap punya teman."	6 detik	Slow pan
4	Robot bertemu manusia	"Halo, aku temanmu sekarang!"	8 detik	Transition slide

Mengatur Alur Cerita agar Menarik

Teknik Dasar Alur Cerita

- **Pendahuluan**: Perkenalkan tokoh dan setting.
- **Konflik**: Masalah yang dihadapi tokoh.
- **Klimaks**: Puncak ketegangan atau kejadian penting.

- **Penyelesaian**: Solusi atau akhir cerita.

Tips Membuat Alur yang Mengalir

- Buat tiap scene singkat dan padat.
- Gunakan cliffhanger atau kejutan untuk menjaga perhatian.
- Variasikan visual dan suara agar tidak monoton.

Memilih Gaya Visual dan Suara yang Sesuai

Sesuaikan gaya visual dengan tone cerita, misalnya:

- **Gaya kartun/animasi** untuk cerita ringan dan lucu.
- **Gaya minimalis dan elegan** untuk cerita serius atau profesional.
- **Gaya realistik dengan foto/video** untuk cerita nyata.

Peran Musik dan Suara dalam Video Visual Storytelling

Musik dan suara latar sangat penting untuk membangun mood dan emosi. Di tahap storyboard, kamu bisa mulai memilih jenis musik dan efek suara yang cocok untuk tiap scene.

Kesalahan Umum dalam Persiapan Cerita dan Storyboard

- Storyboard terlalu detail atau terlalu sederhana.
- Durasi tiap scene tidak proporsional.
- Narasi dan visual tidak sinkron.

- Gaya visual tidak konsisten.

Studi Kasus: Mengubah Novel Pendek Jadi Storyboard

Misal novel pendek 500 kata. Langkahnya:

- Baca ulang dan tandai bagian penting.
- Bagi jadi 8-10 scene.
- Buat sketsa kasar tiap scene.
- Tulis dialog dan narasi singkat.
- Tentukan durasi dan efek.

Persiapan untuk Bab Berikutnya

Setelah storyboard selesai, kamu sudah siap masuk ke Canva dan mulai membuat video visual cerita dengan dasar yang jelas dan terstruktur.

Kesimpulan

- Persiapan cerita dan storyboard sangat penting.
- Storyboard membantu mengubah ide dan naskah jadi visual yang mudah dibuat dan diedit.
- Gaya visual, alur, dan suara harus dipikirkan dari awal.
- Dengan persiapan matang, proses editing di Canva jadi lebih mudah dan hasil lebih profesional.

Bab 3: Mengenal Canva. Membuat Akun, Navigasi, dan Fitur Dasar Video Editing

Pendahuluan

Setelah kamu memahami pentingnya persiapan cerita dan storyboard, sekarang saatnya berkenalan lebih dekat dengan alat utama kita, yaitu **Canva**. Di bab ini, kamu akan belajar cara membuat akun Canva, memahami antarmuka pengguna (user interface), dan mengenal fitur-fitur dasar yang akan digunakan untuk membuat video visual cerita.

Meski Canva terkenal sebagai aplikasi desain grafis yang mudah digunakan, memahami dasarnya dengan baik akan mempercepat proses belajar dan meningkatkan kualitas hasil video yang kamu buat.

Membuat Akun Canva

Cara Mendaftar Akun Baru

Langkah pertama tentu saja membuat akun Canva jika kamu belum punya. Berikut cara mendaftar:

1. Buka website resmi Canva diwww.canva.com[1].
2. Klik tombol **"Daftar"** atau **"Sign up"** di pojok kanan atas.
3. Kamu bisa mendaftar dengan beberapa opsi:

   - Menggunakan email pribadi.
   - Melalui akun Google.

1. https://www.canva.com

○ Menggunakan akun Facebook.

○ Atau akun Apple (jika menggunakan perangkat Apple).

4. Setelah memilih cara pendaftaran, ikuti instruksi untuk verifikasi email atau login.

5. Setelah berhasil, kamu akan masuk ke dashboard Canva.

Memahami Dashboard Canva

Komponen Utama Dashboard

Setelah login, kamu akan melihat **dashboard** yang berfungsi sebagai pusat kontrol untuk semua proyek desain dan video kamu.

- **Menu Samping (Sidebar):**

Menu ini memudahkan akses ke berbagai kategori desain seperti poster, presentasi, dan tentu saja video. Juga berisi akses ke proyek yang sudah dibuat, folder penyimpanan, dan fitur kolaborasi.

- **Pencarian Template:**

Di bagian atas ada kolom pencarian untuk mencari template siap pakai yang sesuai dengan kebutuhan kamu, misalnya "video storytelling" atau "animasi".

- **Proyek Terbaru dan Template Rekomendasi:**

Tampilan utama menampilkan template populer dan proyek yang baru kamu buat.

Membuat Proyek Video Baru di Canva

Langkah Membuka Proyek Video

1. Klik tombol **"Create a design"** atau **"Buat desain"** di sudut kanan atas.
2. Ketik "video" di kolom pencarian.
3. Pilih opsi seperti **"Video", "Video Presentasi", "Video Instagram", atau "Video TikTok"** sesuai kebutuhanmu.
4. Canva akan membuka workspace baru khusus video dengan ukuran dan format yang sudah disesuaikan.

Mengenal Workspace Editor Video Canva

Ketika proyek video terbuka, kamu akan melihat beberapa bagian utama:

- **Timeline dan Slide:**

Di bagian bawah terdapat timeline yang menampilkan setiap slide/frame video. Kamu bisa mengatur durasi, urutan, dan menambahkan animasi di sini.

- **Kanvas Utama:**

Area tengah tempat kamu mengedit desain video, menambahkan gambar, teks, dan elemen lainnya.

- **Panel Elemen dan Aset:**

Di sisi kiri ada berbagai panel seperti Template, Foto, Elemen, Teks, Audio, dan Video yang bisa kamu gunakan.

- **Toolbar Atas:**

Berisi tombol Undo, Redo, Simpan, dan tombol preview.

Memahami Format Video dan Resolusi

Sebelum mulai desain, penting untuk tahu format dan ukuran video yang ingin kamu buat:

- **Format Umum:** MP4 (file video yang kompatibel di hampir semua platform).
- **Resolusi Standar:**
  - 1920x1080 px (Full HD) untuk YouTube dan video desktop.
  - 1080x1920 px (vertical) untuk TikTok dan Instagram Reels.

Canva sudah menyediakan preset ini sehingga kamu tinggal memilih sesuai kebutuhan.

Menggunakan Template Video Canva

Manfaat Template

Template video adalah desain siap pakai yang memudahkan kamu memulai proyek tanpa harus buat dari nol. Template sudah diatur secara visual dengan teks, gambar, animasi, dan audio.

Cara Menggunakan Template

1. Di panel sebelah kiri, klik "**Template**".
2. Gunakan kolom pencarian untuk menemukan template yang sesuai, misalnya "storytelling", "promo", atau "presentasi video".
3. Klik template yang kamu suka, Canva akan otomatis

menambahkannya ke proyekmu.
4. Kamu bisa langsung edit teks, ganti gambar, dan sesuaikan audio.

Menambahkan dan Mengedit Elemen Visual

Menambahkan Gambar dan Ilustrasi

- Klik "**Elements**" di panel kiri.
- Cari gambar atau ilustrasi yang kamu inginkan menggunakan kata kunci.
- Klik atau drag elemen ke kanvas.
- Ubah ukuran dan posisi dengan drag di sudut elemen.

Mengedit Warna dan Transparansi

- Pilih elemen yang ingin diubah.
- Klik tombol warna di toolbar atas untuk memilih warna baru.
- Gunakan slider transparansi untuk membuat elemen lebih transparan.

Menambahkan dan Mengatur Teks

Cara Menambahkan Teks

- Klik "**Text**" di panel kiri.
- Pilih tipe teks: Judul, Subjudul, atau Body Text.
- Setelah teks muncul di kanvas, ketik kalimat yang diinginkan.

Mengatur Font, Ukuran, dan Warna

- Pilih teks.

- Gunakan toolbar atas untuk mengganti font, ukuran, warna, dan alignment.

Menambahkan Efek pada Teks

- Klik teks, pilih "**Effects**" di toolbar atas.

- Pilih efek seperti bayangan, outline, atau glitch untuk mempercantik tampilan.

Menambahkan Animasi dan Transisi

Animasi Elemen

- Pilih elemen (gambar atau teks).
    - Klik tombol "**Animate**" di toolbar atas.
    - Pilih jenis animasi seperti Fade, Pan, atau Pop.
    - Atur kecepatan animasi jika tersedia.

Transisi Antar Slide

- Klik slide di timeline.
    - Klik tombol "**Transition**".
    - Pilih efek transisi seperti dissolve atau slide.
    - Atur durasi transisi.

Menambahkan Audio dan Narasi

Menambahkan Musik Latar

- Klik "**Audio**" di panel kiri.

- Pilih dari koleksi musik bebas royalti Canva.
- Klik audio untuk menambahkannya ke video.
- Atur durasi dan volume di timeline.

Mengunggah dan Menambahkan Audio Sendiri

- Klik "**Uploads**" lalu "**Upload media**".
  - Pilih file audio dari perangkatmu.
  - Tambahkan ke timeline dan sesuaikan durasi.

Merekam Narasi Suara

Saat ini Canva belum mendukung rekaman suara langsung di aplikasi web, tapi kamu bisa rekam menggunakan aplikasi lain lalu upload audio rekaman ke Canva.

Menyimpan dan Mengekspor Video

Cara Menyimpan Proyek

- Canva otomatis menyimpan perubahan, tapi kamu bisa klik tombol **Save** untuk memastikan.

Mengekspor Video

1. Klik tombol **Download** di pojok kanan atas.
2. Pilih format **MP4 Video**.
3. Pilih kualitas video (standar atau tinggi).
4. Klik **Download** dan tunggu proses selesai.

Tips Menggunakan Canva dengan Efektif

- **Manfaatkan Shortcut Keyboard:** seperti Ctrl+Z untuk undo, Ctrl+C & Ctrl+V untuk copy-paste.
- **Gunakan Grid dan Guides:** untuk menyusun elemen secara rapi.
- **Jangan Overload Elemen:** buat desain tetap bersih dan fokus pada pesan.
- **Rutin Preview Video:** untuk memastikan alur dan animasi berjalan mulus.
- **Simpan Versi Berbeda:** untuk eksperimen tanpa kehilangan versi sebelumnya.

Fitur Tambahan untuk Pengguna Canva Pro

- Akses ke lebih banyak template dan aset premium.
- Background remover untuk gambar.
- Resize otomatis untuk berbagai format video.
- Ekspor dengan kualitas lebih tinggi.
- Kolaborasi real-time dengan tim.

Kesalahan Umum Pengguna Baru dan Cara Mengatasinya

- **Tidak menyimpan proyek secara berkala:** meskipun Canva auto-save, terkadang koneksi internet tidak stabil.
- **Penggunaan terlalu banyak animasi:** bisa membuat video jadi berantakan dan melelahkan.
- **Ukuran video yang salah:** sesuaikan dengan platform tujuan (misal vertical untuk TikTok).

- **Tidak cek audio:** pastikan audio tidak terlalu keras atau pelan.
- **Lupa preview:** selalu cek video sebelum ekspor.

Kesimpulan

Bab ini memberikan pengetahuan dasar dan praktis untuk mulai menggunakan Canva sebagai alat pembuatan video visual cerita. Kamu sudah tahu cara membuat akun, mengenal dashboard, dan memahami fitur dasar video editing di Canva.

Dengan pengetahuan ini, kamu sudah siap untuk mulai membuat proyek video pertamamu dengan storyboard yang sudah kamu buat di bab sebelumnya.

Bab 4: Membuat Video Visual Cerita di Canva. Langkah demi Langkah

Pendahuluan

Setelah kamu memahami dasar Canva dan sudah punya storyboard, sekarang saatnya mulai mempraktikkan langsung pembuatan video visual cerita. Di bab ini, aku akan membimbing kamu secara detail dari awal membuat proyek video baru, memasukkan konten berdasarkan storyboard, hingga menambahkan animasi dan efek agar video kamu hidup dan menarik.

Bab ini penting karena proses produksi video visual cerita yang baik akan menghasilkan karya yang bukan hanya indah secara visual, tapi juga efektif menyampaikan pesan atau cerita.

Membuka Proyek Video Baru Sesuai Storyboard

Memilih Format Video

Mulailah dengan membuka dashboard Canva, kemudian:

- Klik **"Buat desain"** > ketik "video" > pilih format yang sesuai seperti **Video 16:9 (landscape)** untuk YouTube atau presentasi, atau **Video vertikal 9:16** untuk Instagram Reels dan TikTok.
- Ukuran otomatis sudah disesuaikan, jadi kamu tidak perlu repot mengatur dimensi sendiri.

Memberi Nama Proyek

- Beri nama proyek sesuai cerita kamu agar mudah ditemukan, misal: **"Robot Kesepian - Video Storytelling"**.

Membagi Proyek Berdasarkan Storyboard

Membuat Slide Sesuai Scene

- Dalam timeline di bagian bawah, buat slide sebanyak jumlah scene di storyboard kamu.
- Kamu bisa menambah slide dengan tombol **"Tambah Halaman"**.
- Atur urutan slide agar sesuai dengan alur cerita.

Menambahkan Background dan Visual

Memilih Background

- Klik di slide pertama.
- Di panel kiri, klik **"Background"**.
- Pilih warna polos, gradien, atau gambar yang sesuai dengan mood cerita.
- Untuk cerita robot kesepian, kamu bisa pilih warna biru gelap atau hitam sebagai latar malam yang sepi.

Menambahkan Gambar dan Ilustrasi

- Klik **"Elements"**, cari elemen yang ingin digunakan (misalnya "robot", "langit malam", "ruangan kosong").
- Pilih dan letakkan di kanvas.
- Atur ukuran dan posisi agar sesuai dengan storyboard.

Mengunggah Gambar Sendiri

- Jika punya ilustrasi atau foto khusus, klik **"Uploads"** > **"Upload media"** dan pilih file dari perangkatmu.
- Tarik gambar ke kanvas.

Menambahkan Teks Sesuai Naskah

Menyisipkan Dialog dan Narasi

- Klik **"Text"** > pilih gaya teks (Judul, Subjudul, Body).
- Ketik kalimat dari naskah untuk tiap slide.
- Atur font, ukuran, warna, dan posisi agar mudah dibaca dan menarik.

Menyesuaikan Tata Letak Teks

- Pastikan teks tidak menutupi elemen penting.
- Gunakan kontras warna yang baik agar teks terlihat jelas di latar belakang.

Mengatur Durasi Tiap Slide

- Klik slide di timeline.
- Klik angka durasi (misal default 5 detik).
- Sesuaikan durasi sesuai kebutuhan cerita. Misal dialog pendek 3 detik, narasi panjang 7 detik.
- Atur durasi agar penonton punya waktu cukup membaca teks dan menikmati visual.

Menambahkan Animasi Pada Elemen dan Teks

Memberi Animasi Pada Teks

- Pilih teks.
- Klik "**Animate**" di toolbar atas.
- Pilih animasi seperti **Fade**, **Pop**, atau **Typewriter** untuk efek ketik narasi.
- Pastikan animasi tidak terlalu cepat agar mudah dibaca.

Animasi Pada Gambar dan Elemen

- Pilih elemen.
- Pilih animasi masuk dan keluar untuk memberi kesan hidup.
- Contohnya, robot muncul dengan efek fade-in perlahan.

Menambahkan Transisi Antar Slide

- Klik ikon "**Transition**" antara slide di timeline.
- Pilih efek transisi yang halus seperti **Dissolve**, **Slide**, atau **Fade**.
- Transisi membantu menjaga flow cerita agar terlihat profesional dan tidak patah-patah.

Menambahkan Musik dan Efek Suara

Memilih Musik Background

- Klik "**Audio**" di panel kiri.

- Gunakan kata kunci seperti "melancholic", "sad", atau "ambient" untuk cerita robot kesepian.
- Pilih musik bebas royalti yang sesuai mood.
- Klik musik untuk menambahkan ke timeline.

Mengatur Volume dan Durasi Musik

- Potong musik sesuai durasi video.
- Atur volume supaya tidak menutupi suara narasi atau dialog (jika ada).

Menambahkan Efek Suara

- Jika perlu, tambahkan efek suara seperti "langkah kaki", "pintu terbuka", atau "kicauan burung" untuk memberi kesan realistis.
- Upload efek suara dari perangkatmu jika tidak tersedia di Canva.

Mengunggah dan Menyisipkan Narasi Suara

Jika kamu ingin narasi suara:

- Rekam suara narasi menggunakan aplikasi rekaman suara (misalnya Voice Recorder di ponsel).
- Upload audio ke Canva melalui **"Uploads"**.
- Tarik audio ke timeline dan sesuaikan timing-nya dengan slide dan animasi.

Preview dan Revisi Video

- Gunakan tombol **"Play"** di kanan atas untuk melihat hasil video secara keseluruhan.

- Perhatikan apakah durasi slide, animasi, dan audio sudah sinkron.
- Revisi jika ada teks yang kurang terbaca, animasi terlalu cepat, atau suara terlalu pelan.

Menyimpan dan Mengekspor Video

Simpan Proyek

- Canva otomatis menyimpan, tapi kamu juga bisa klik "**File**" > "**Save**" untuk memastikan.

Ekspor Video

- Klik "**Download**".
- Pilih format **MP4**.
- Pilih kualitas video (pilih kualitas tertinggi jika ingin video tajam).
- Klik **Download** dan tunggu proses selesai.

Tips Mempercantik Video Visual Cerita

- Gunakan font yang konsisten untuk tiap jenis teks.
- Pilih warna teks yang kontras dengan background agar mudah dibaca.
- Jangan terlalu banyak animasi yang berlebihan, pilih yang sederhana tapi efektif.
- Gunakan musik yang mendukung suasana cerita, bukan yang mengganggu.
- Selalu lakukan preview beberapa kali untuk melihat keseluruhan flow cerita.

Contoh Praktis: Membuat Scene Pembuka Video "Robot Kesepian"

1. Buat slide pertama dengan background gelap.
2. Tambahkan ilustrasi robot di tengah.
3. Sisipkan teks narasi "Aku adalah robot yang kesepian."
4. Beri animasi Fade In pada robot dan teks.
5. Tambahkan musik latar ambient yang sendu.
6. Atur durasi 7 detik.

Mengelola Proyek Video yang Lebih Kompleks

- Bagi video jadi beberapa bagian dan simpan versi berbeda.
- Gunakan folder untuk menyimpan aset seperti gambar dan audio.
- Kolaborasi dengan tim menggunakan fitur berbagi proyek.

Mengatasi Masalah Umum Saat Membuat Video di Canva

- **Video terlalu panjang:** Potong durasi slide atau buat video seri.
- **File terlalu besar saat download:** Kurangi resolusi atau durasi musik.
- **Elemen tidak bisa diedit:** Pastikan kamu memakai template yang editable.
- **Audio tidak sinkron:** Atur ulang posisi audio di timeline.

Kesimpulan

Bab ini memberikan panduan praktis dan detail untuk membuat video visual cerita dengan Canva. Kamu sudah belajar dari membuka proyek baru, menginput konten berdasarkan storyboard, hingga menambahkan animasi, audio, dan transisi yang membuat video menjadi hidup.

Bab 5: Teknik Lanjutan dan Distribusi Video Visual Cerita di Canva

Pendahuluan

Setelah menguasai pembuatan video visual cerita dasar di Canva, kini saatnya belajar teknik lanjutan yang dapat memperkaya kualitas visual dan narasi video kamu. Bab ini akan membahas cara menggunakan efek khusus, animasi yang lebih kompleks, serta bagaimana mengoptimalkan video untuk berbagai platform distribusi agar penonton semakin tertarik dan video kamu semakin populer.

Memahami Efek Khusus di Canva

Efek Visual untuk Gambar dan Teks

Canva menyediakan berbagai efek yang bisa menambah kedalaman dan kesan artistik pada video kamu, antara lain:

- **Shadow (Bayangan):** Membuat elemen tampil lebih menonjol dengan bayangan halus.
- **Glow (Cahaya):** Memberi efek cahaya lembut di sekitar teks atau gambar, cocok untuk menonjolkan elemen penting.
- **Lift:** Memberikan efek elevasi sehingga elemen tampak seperti terangkat dari latar.
- **Neon:** Menambah efek cahaya neon, memberikan kesan modern dan futuristik, pas untuk tema robot.

- **Curve (Lengkung):** Mengubah teks menjadi bentuk melengkung yang artistik.
- **Splice, Echo, Glitch:** Efek khusus yang memberikan tampilan glitch atau efek berganda, cocok untuk cerita dengan elemen teknologi atau fiksi ilmiah.

Cara Menggunakan Efek

- Pilih elemen atau teks yang ingin diberi efek.
- Klik tombol "**Effects**" di toolbar atas.
- Pilih efek yang diinginkan dan sesuaikan intensitasnya dengan slider yang tersedia.
- Perhatikan jangan terlalu berlebihan agar tetap enak dilihat.

Animasi Lanjutan dan Keyframe (Gerakan Custom)

Membuat Animasi Layering

Meskipun Canva tidak memiliki fitur keyframe animasi seperti software editing profesional, kamu dapat mengakali layering animasi dengan cara:

- Membuat beberapa slide yang hampir sama tapi dengan posisi elemen sedikit bergeser.
- Gunakan transisi yang cepat untuk memberikan kesan gerakan halus.
- Contoh: animasi robot berjalan dapat dibuat dengan memindahkan posisi robot sedikit demi sedikit pada slide berurutan.

Menggunakan Animasi "Page Animations"

Selain animasi elemen, Canva menyediakan animasi untuk keseluruhan slide, seperti:

- **Block, Stomp, Rise:** Efek slide muncul dari bawah atau samping.
- **Pan, Fade, Zoom:** Efek perpindahan kamera yang memberikan dinamika.
- Gunakan animasi ini untuk memperkuat alur cerita dan memberikan kejutan visual.

Memanfaatkan Fitur Overlay dan Transparansi

Overlay Warna untuk Suasana

- Tambahkan kotak berwarna dengan transparansi tinggi di atas gambar atau video untuk memberi nuansa tertentu, seperti kesan gelap, hangat, atau dingin.
- Contoh: overlay biru dengan transparansi 60% untuk menunjukkan suasana malam.

Layering Elemen dengan Transparansi

- Atur transparansi elemen seperti bayangan atau siluet untuk efek dramatis.
- Gunakan layering ini untuk memberikan kedalaman pada visual cerita.

Integrasi Audio Lanjutan

Sinkronisasi Musik dan Efek Suara

- Gunakan audio editor eksternal untuk menggabungkan berbagai audio menjadi satu file agar tidak repot mengatur banyak track di Canva.
- Upload audio hasil edit ke Canva dan sinkronkan dengan timeline.

Menambahkan Voice Over dengan Efek Suara Background

- Pastikan volume musik latar diturunkan agar voice over jelas terdengar.
- Pilih efek suara yang tidak bertabrakan frekuensinya dengan suara narasi.

Penggunaan Template dan Asset Premium

Memanfaatkan Koleksi Premium Canva Pro

- Akses ribuan template video premium yang sudah dilengkapi animasi dan efek menarik.
- Gunakan aset premium seperti video stock, audio, dan elemen animasi untuk memperkaya video.

Modifikasi Template Premium untuk Personal Branding

- Ubah warna, teks, dan elemen agar sesuai dengan identitas cerita kamu.
- Buat variasi template agar tidak terlihat generik.

Kolaborasi Tim dalam Pembuatan Video

Fitur Kolaborasi Canva

- Undang teman atau rekan kerja untuk mengedit proyek secara bersamaan.
- Gunakan komentar untuk memberikan masukan dan revisi secara real-time.
- Cocok untuk proyek film visual cerita yang melibatkan penulis, animator, dan editor suara.

Ekspor Video dengan Kualitas Tinggi dan Format Berbeda

Pilihan Resolusi dan Format

- Canva memungkinkan ekspor video dengan resolusi hingga Full HD (1080p).
- Pilih format MP4 untuk kompatibilitas luas.
- Gunakan opsi "Compress file" jika ingin ukuran file lebih kecil untuk upload cepat tanpa banyak mengurangi kualitas.

Ekspor untuk Platform Khusus

- Gunakan preset ukuran khusus untuk Instagram Stories, TikTok, YouTube, atau Facebook agar hasil maksimal di tiap platform.

Strategi Distribusi dan Promosi Video Visual Cerita

Memilih Platform Distribusi

- **YouTube:** Cocok untuk video berdurasi panjang dan serial cerita.
- **Instagram Reels dan TikTok:** Pas untuk video pendek, teaser, dan highlight cerita.
- **Facebook dan Twitter:** Untuk menjangkau audiens yang lebih luas dan berbagi cepat.
- **Website dan Blog Pribadi:** Tempat terbaik untuk mengarsipkan dan mendokumentasikan karya.

Optimasi Video untuk Algoritma

- Gunakan judul, deskripsi, dan tagar relevan.
- Tambahkan subtitle untuk meningkatkan keterbacaan dan aksesibilitas.
- Posting secara rutin untuk membangun audiens.

Monetisasi Video Visual Cerita

Cara Menghasilkan Uang dari Video Canva

- **YouTube Partner Program:** Monetisasi dari iklan.
- **Sponsorship dan Brand Deals:** Kolaborasi dengan brand untuk promosi produk.
- **Menjual Video di Platform:** Seperti Vimeo On Demand, Amazon Video Direct, atau platform marketplace digital.
- **Crowdfunding:** Gunakan Patreon atau Ko-fi untuk mendapatkan dukungan dari penggemar.

Studi Kasus: Memperbaiki Video "Robot Kesepian" dengan Teknik Lanjutan

- Menambahkan efek glitch pada teks narasi untuk kesan futuristik.
- Menggunakan animasi layering untuk gerakan robot yang lebih halus.
- Memberi overlay warna biru gelap di latar untuk suasana sedih.
- Menambahkan voice over dengan efek ambient suara mesin dan musik melankolis.
- Ekspor video dengan resolusi Full HD untuk upload YouTube dan versi vertikal untuk TikTok.

Tips dan Trik Profesional

- Jangan takut bereksperimen dengan efek dan animasi.
- Pelajari tren visual dan audio di platform media sosial.
- Selalu minta feedback dari teman atau komunitas.

- Gunakan Canva Pro jika kamu serius membuat konten berkualitas.
- Buat template pribadi agar mempercepat proses produksi video berikutnya.

Kesalahan yang Harus Dihindari pada Level Lanjutan

- Terlalu banyak efek dan animasi sehingga video terasa berlebihan.
- Tidak konsisten dalam gaya visual dan warna.
- Audio yang tidak seimbang membuat pesan tidak tersampaikan.
- Mengabaikan kualitas resolusi dan format video.
- Tidak melakukan testing di berbagai perangkat dan platform.

Kesimpulan

Bab ini membuka wawasanmu untuk mengeksplorasi fitur lanjutan Canva yang membuat video visual cerita lebih profesional dan menarik. Selain itu, kamu juga mempelajari strategi distribusi dan monetisasi video agar karya yang kamu buat bisa dinikmati lebih banyak orang dan bahkan menghasilkan pendapatan.

Bab 6: Optimasi Storytelling dan Personal Branding Melalui Video Visual Cerita di Canva

Pendahuluan

Video visual cerita bukan sekadar gabungan gambar dan teks bergerak, melainkan medium kuat untuk menyampaikan pesan, membangun emosi, dan menghubungkan dengan audiens. Bab ini akan membahas cara mengoptimalkan storytelling agar cerita kamu kuat dan berkesan.

Mengapa Storytelling itu Penting dalam Video Visual Cerita?

Storytelling Sebagai Jantung Video

- Cerita yang baik membuat penonton tertarik dan terus mengikuti video hingga selesai.
- Storytelling yang kuat meningkatkan daya ingat dan efek emosional dari video.
- Video tanpa cerita cenderung datar dan tidak meninggalkan kesan.

Unsur Penting dalam Storytelling

- **Karakter:** Siapa tokoh utama dan apa motivasinya.
- **Konflik:** Masalah atau tantangan yang harus dihadapi.
- **Resolusi:** Bagaimana masalah tersebut diselesaikan.

- **Emosi:** Membuat penonton merasa terhubung dengan cerita.
- **Pesan:** Apa yang ingin disampaikan kepada audiens.

Teknik Menulis Naskah yang Efektif untuk Video Visual Cerita

Menulis dengan Bahasa Sederhana dan Jelas

- Gunakan kalimat singkat dan mudah dipahami.
- Hindari istilah teknis atau bahasa yang membingungkan audiens umum.

Memperhatikan Ritme dan Durasi

- Sesuaikan panjang kalimat dengan durasi slide.
- Berikan jeda cukup agar penonton bisa membaca dan memahami.

Menggunakan Narasi dan Dialog

- Narasi memberikan gambaran dan konteks.
- Dialog membuat cerita hidup dan karakter lebih nyata.

Contoh Naskah Singkat

"Aku robot yang kesepian. Setiap hari aku menatap langit malam, berharap ada teman yang mengerti."

Memadukan Visual dan Audio untuk Memperkuat Cerita

Visual yang Mendukung Narasi

- Gunakan gambar dan animasi yang relevan dan mendukung alur cerita.
- Hindari visual yang terlalu ramai atau mengalihkan perhatian.

Musik dan Efek Suara

- Pilih musik yang sesuai dengan mood cerita.
- Tambahkan efek suara untuk memperkuat suasana, seperti suara hujan atau langkah kaki.

Menyusun Alur Cerita dalam Video

Pendahuluan yang Menarik

- Mulailah dengan hook yang memancing rasa penasaran.
- Contoh: visual robot yang termenung dengan narasi "Aku tidak pernah merasa sendiri... sampai hari ini."

Pengembangan Cerita

- Bangun konflik dan tantangan yang dihadapi karakter.
- Tambahkan elemen kejutan atau twist untuk menjaga minat.

Klimaks dan Resolusi

- Tampilkan puncak cerita dan penyelesaiannya.

- Pastikan ada pesan atau moral yang bisa diambil.

Teknik Visual Storytelling di Canva

Penggunaan Warna dan Tipografi

- Warna dapat menggambarkan suasana hati, misal biru untuk kesepian, merah untuk semangat.
- Gunakan font yang mudah dibaca dan konsisten.

Pacing dan Timing

- Sesuaikan durasi slide dan animasi agar tidak terburu-buru.
- Gunakan jeda untuk memberikan ruang bernapas bagi penonton.

Transisi dan Efek

- Gunakan transisi halus untuk perpindahan antar scene.
- Efek seperti fade-in/out memberi kesan dramatis.

Membangun Personal Branding Melalui Video Visual Cerita

Apa itu Personal Branding?

- Personal branding adalah bagaimana kamu mempresentasikan diri dan karyamu agar dikenali dan diingat audiens.
- Video visual cerita bisa menjadi "wajah" kreativitas kamu.

Konsistensi Gaya Visual dan Konten

- Gunakan palet warna, font, dan gaya animasi yang konsisten di semua video.
- Tentukan niche atau tema cerita yang ingin kamu angkat, misal cerita teknologi, inspirasi, atau edukasi.

Menampilkan Keunikan Diri

- Masukkan elemen personal dalam cerita atau gaya penyampaian.
- Ceritakan pengalaman atau perspektif unik yang hanya kamu miliki.

Membangun Audiens dan Komunitas

Menggunakan Media Sosial

- Bagikan video secara rutin di platform seperti Instagram, TikTok, YouTube.
- Gunakan caption yang menarik dan ajak audiens berdiskusi.

Berinteraksi dengan Penggemar

- Balas komentar dan pesan.
- Buat konten yang melibatkan audiens, seperti polling atau Q&A.

Studi Kasus: Personal Branding Melalui Video "Robot Kesepian"

- Gunakan warna dan musik konsisten di seluruh seri video.

- Ceritakan sisi emosional robot sebagai representasi rasa kesepian manusia.
- Sisipkan pesan positif tentang harapan dan persahabatan.

Menganalisa Feedback dan Mengembangkan Karya

Menerima Kritik dan Saran

- Gunakan feedback untuk meningkatkan kualitas cerita dan produksi.
- Jangan takut bereksperimen dengan ide baru.

Melacak Performa Video

- Gunakan analytics platform untuk melihat durasi tonton, likes, dan share.
- Pelajari video mana yang paling disukai dan kenapa.

Kesimpulan

Bab ini menekankan pentingnya storytelling yang kuat dan personal branding sebagai pondasi untuk sukses dalam membuat video visual cerita. Dengan kombinasi cerita yang emosional, visual yang menarik, dan interaksi aktif dengan audiens, kamu bisa membangun reputasi sebagai kreator yang unik dan berpengaruh.

Bab 7: Membangun Portofolio dan Strategi Pemasaran Video Visual Cerita

Pendahuluan

Setelah kamu berhasil membuat video visual cerita yang menarik dan membangun personal branding, langkah penting berikutnya adalah menampilkan karya-karyamu dalam portofolio yang profesional dan efektif, serta menerapkan strategi pemasaran untuk menjangkau audiens yang lebih luas dan peluang komersial.

Bab ini membahas cara membuat portofolio yang memukau, memilih platform terbaik untuk menampilkan karya, dan strategi pemasaran yang efektif untuk mengembangkan karier kreatif kamu.

Mengapa Portofolio Itu Penting?

Fungsi Portofolio

- Menunjukkan kualitas dan gaya karya kamu kepada klien, perusahaan, atau komunitas.
- Sebagai bukti profesionalisme dan konsistensi dalam berkarya.
- Alat pemasaran diri yang efektif dalam menarik peluang kerja dan kolaborasi.

Portofolio Digital vs Fisik

- Portofolio digital lebih fleksibel, mudah diakses, dan bisa diupdate kapan saja.
- Fisik mungkin diperlukan untuk presentasi tertentu, tapi sekarang digital lebih dominan terutama untuk video.

Membuat Portofolio Video Visual Cerita yang Efektif

Menentukan Konten Portofolio

- Pilih karya terbaik yang mewakili kemampuan kamu.
- Sertakan variasi gaya dan tema untuk menunjukkan fleksibilitas.
- Tambahkan deskripsi singkat tentang setiap video: tujuan, peran kamu, tools yang digunakan, dan hasil yang dicapai.

Menata Konten dengan Rapi

- Susun karya secara kronologis atau berdasarkan tema.
- Berikan navigasi yang mudah agar pengunjung cepat menemukan video yang diinginkan.
- Gunakan thumbnail menarik untuk tiap video agar audiens tertarik klik.

Platform Terbaik untuk Menampilkan Portofolio Video

Website Pribadi

- Membuat website dengan domain sendiri memberi kesan profesional.
- Bisa menggunakan platform seperti WordPress, Wix, Squarespace.
- Integrasikan video dari YouTube, Vimeo, atau upload langsung.

Vimeo dan YouTube

- Platform video terbesar yang sekaligus bisa jadi portofolio publik.
- Vimeo sering dipilih oleh profesional kreatif karena kualitas video dan kontrol privasi.
- YouTube lebih cocok untuk menjangkau audiens luas.

Behance dan Dribbble

- Platform portofolio kreatif yang banyak digunakan oleh desainer dan animator.
- Bisa menampilkan video, storyboard, dan proses kreatif.

LinkedIn dan Media Sosial

- Bagikan portofolio di LinkedIn untuk menjaring peluang kerja.
- Gunakan Instagram dan TikTok sebagai portofolio mini dengan video teaser.

Menyiapkan Portofolio untuk Target Pasar

Freelancer

- Fokus pada keragaman proyek untuk menunjukkan kemampuan menangani berbagai klien.
  - Cantumkan testimoni dari klien sebelumnya jika ada.
  - Sertakan informasi kontak yang jelas.

Studio dan Perusahaan Produksi

- Tampilkan spesialisasi yang relevan dengan jenis produksi mereka.
  - Sertakan proyek kolaborasi dan peran spesifik kamu.

Personal Branding

- Fokus pada gaya dan niche yang kamu pilih.
  - Bangun citra sebagai kreator dengan ciri khas unik.

Strategi Pemasaran Video Visual Cerita

Membuat Konten yang Konsisten dan Berkualitas

- Upload secara rutin untuk membangun audiens dan algoritma platform.
  - Pastikan setiap video punya kualitas yang baik dan pesan yang jelas.

Optimasi SEO untuk Video

- Gunakan judul yang menarik dan kata kunci relevan.
  - Tambahkan deskripsi lengkap dan tagar populer.

- Buat thumbnail menarik dan deskriptif.

Memanfaatkan Media Sosial

- Gunakan Instagram Reels, TikTok, dan Facebook untuk video pendek.
- Bagikan teaser dan behind the scenes untuk menarik perhatian.
- Aktif di komunitas kreatif untuk memperluas jaringan.

Membangun Jaringan dan Kolaborasi

Bergabung dengan Komunitas Kreatif

- Ikut forum, grup Facebook, atau Discord yang fokus pada video dan animasi.
- Ikuti webinar dan workshop untuk belajar sekaligus memperluas koneksi.

Kolaborasi dengan Kreator Lain

- Kerja sama dengan musisi, animator, atau penulis untuk proyek bersama.
- Kolaborasi bisa memperluas audiens dan memperkaya karya.

Monetisasi Video Visual Cerita

Platform Monetisasi

- YouTube Partner Program untuk penghasilan iklan.

- Patreon, Ko-fi, dan platform crowdfunding untuk dukungan langsung dari fans.
- Menjual video di Vimeo On Demand, Amazon Video Direct, dan marketplace digital.

Menawarkan Jasa Produksi Video

- Tawarkan jasa pembuatan video storytelling untuk bisnis dan individu.
- Buat paket layanan dengan harga berbeda sesuai kebutuhan klien.

Mengukur dan Menganalisa Performa Video

Tools Analitik

- YouTube Analytics, Vimeo Stats, dan Instagram Insights memberikan data penting.
- Perhatikan metrik seperti waktu tonton, engagement, dan demografi penonton.

Menggunakan Data untuk Perbaikan

- Pelajari video mana yang paling berhasil dan kenapa.
- Sesuaikan konten dan strategi pemasaran berdasarkan hasil analisis.

Studi Kasus: Membangun Portofolio dan Pemasaran Video "Robot Kesepian"

- Buat website portofolio dengan tema futuristik sesuai cerita.
- Upload video seri "Robot Kesepian" di Vimeo dengan deskripsi lengkap.
- Bagikan teaser dan behind the scenes di Instagram dan TikTok.
- Gunakan tagar #visualstorytelling #robotkesepian untuk menjangkau audiens yang tepat.
- Ikut komunitas storytelling dan animasi untuk mendapatkan feedback dan kolaborasi.

Tips Profesional untuk Sukses di Dunia Kreatif

- Selalu update skill dan tren terbaru.
- Jaga kualitas dan konsistensi karya.
- Bangun hubungan baik dengan klien dan komunitas.
- Berani mencoba hal baru dan keluar dari zona nyaman.
- Pantang menyerah dan terus berinovasi.

Kesimpulan

Membangun portofolio dan menerapkan strategi pemasaran adalah kunci agar karya video visual cerita kamu dikenal luas dan menghasilkan peluang yang berkelanjutan. Dengan portofolio yang profesional dan pemasaran yang tepat, kamu dapat membuka banyak pintu untuk karier kreatif yang sukses.

Bab 8: Peluang Karier dan Pengembangan Skill Lanjutan dalam Video Storytelling dengan Canva

Pendahuluan

Setelah kamu menguasai teknik pembuatan video visual cerita, membangun personal branding, portofolio, dan strategi pemasaran, sekarang saatnya melihat peluang karier yang bisa kamu raih dan bagaimana mengembangkan skill lebih jauh untuk menjadi kreator video storytelling profesional yang kompetitif.

Bab ini membahas beragam jalur karier yang dapat kamu pilih, tips pengembangan skill lanjutan, serta cara mempersiapkan diri agar mampu bersaing di dunia kreatif yang terus berubah.

Peluang Karier dalam Video Visual Storytelling

Freelancer Video Editor dan Animator

- Banyak perusahaan dan individu yang membutuhkan jasa editing dan animasi video storytelling.
- Freelance memungkinkan kamu fleksibel menentukan proyek dan waktu kerja.
- Platform seperti Upwork, Fiverr, dan Freelancer menjadi tempat mencari klien.

Content Creator dan Influencer

• Membuat konten video visual cerita secara rutin di media sosial seperti YouTube, TikTok, Instagram.

• Monetisasi melalui iklan, sponsor, dan dukungan fans.

• Membangun komunitas penggemar yang loyal.

Video Producer di Perusahaan dan Studio

• Bergabung sebagai tim produksi video dalam perusahaan media, agensi iklan, atau studio animasi.

• Bertanggung jawab mengelola proses pembuatan video dari konsep hingga publikasi.

• Kesempatan bekerja dengan tim profesional dan proyek besar.

Edukator dan Trainer Canva dan Video Storytelling

• Mengajar cara membuat video storytelling di platform kursus online, workshop, atau seminar.

• Bisa menjadi instruktur freelance atau membuat konten edukasi sendiri.

Pengembang Konten Digital untuk Pendidikan dan Bisnis

• Membuat video edukasi, pelatihan, dan promosi menggunakan storytelling visual.

• Peran penting di perusahaan startup, e-learning, dan marketing digital.

Skill Lanjutan untuk Menunjang Karier

Video Storytelling

Penguasaan Software Editing dan Animasi Lain

- Pelajari software seperti Adobe Premiere Pro, After Effects, DaVinci Resolve untuk editing lanjutan.
- Pelajari animasi 2D/3D dengan After Effects, Blender, atau Toon Boom untuk memperkaya skill.

Storytelling dan Scriptwriting Profesional

- Pelajari teknik penulisan naskah yang kuat, struktur cerita, dan karakterisasi.
- Gunakan metode storytelling klasik seperti Hero's Journey, Three-Act Structure.

Pencahayaan dan Sinematografi

- Pahami konsep pencahayaan, framing, dan komposisi visual.
- Meskipun bekerja di video digital, prinsip sinematografi tetap penting untuk membuat visual yang menarik

Sound Design dan Mixing

- Pelajari cara memilih dan mengatur musik, efek suara, dan voice over.
- Gunakan software audio editing seperti Audacity atau Adobe Audition.

Membangun Portofolio dan Branding yang Kuat untuk Karier Profesional

Menampilkan Proyek Beragam dan Berkualitas

Tinggi

- Sertakan proyek yang menunjukkan berbagai skill seperti editing, animasi, storytelling.
- Buat case study singkat untuk tiap proyek sebagai nilai tambah.

Membangun Website Personal yang Profesional

- Tampilkan karya, profil, dan kontak dengan desain menarik dan mudah diakses.
- Optimasi website untuk SEO agar mudah ditemukan di mesin pencari.

Memperkuat Jaringan Profesional

- Bergabung dengan komunitas kreatif online dan offline.
- Hadiri event industri seperti konferensi, pameran, dan workshop.

Strategi Meningkatkan Peluang Kerja dan Kolaborasi

Melamar dan Menawar Proyek dengan Profesionalisme

- Kirim portfolio dan CV yang menarik dan relevan.
- Berikan proposal yang jelas tentang apa yang kamu tawarkan dan manfaat untuk klien.

Membuka Jasa Freelance secara Online dan Offline

- Gunakan platform freelance dan media sosial untuk menawarkan jasa.
- Jalin hubungan baik dengan klien dan minta testimoni.

Membuat Konten Edukasi dan Promosi Diri

- Buat tutorial dan video edukasi tentang Canva dan video storytelling.
- Bagikan di YouTube dan media sosial untuk memperkuat personal branding.

Mengikuti Tren dan Teknologi Baru di Dunia Video

Video Vertikal dan Konten Pendek

- Pelajari format dan teknik membuat video pendek yang cocok untuk TikTok dan Instagram Reels.

Augmented Reality (AR) dan Virtual Reality (VR)

- Kenali konsep AR dan VR yang mulai banyak digunakan dalam storytelling.
- Pelajari software dasar untuk membuat konten AR/VR jika memungkinkan.

AI dalam Video Editing dan Produksi Konten

- Gunakan AI tools untuk mempercepat editing, transkripsi, dan pembuatan animasi.

- Pelajari teknologi AI terbaru untuk tetap kompetitif.

Manajemen Waktu dan Proyek untuk Kreator Video

Membuat Jadwal Produksi yang Efisien

- Atur timeline dari tahap pra-produksi hingga publikasi.
- Gunakan tools manajemen proyek seperti Trello, Asana.

Mengelola Deadline dan Revisi

- Komunikasikan deadline dengan jelas kepada klien.
- Siapkan waktu untuk revisi dan feedback.

Studi Kasus: Karier Kreator Video Visual Storytelling Sukses

Profil Kreator XYZ

- Memulai karier sebagai freelancer dengan modal Canva.
- Membangun channel YouTube dengan cerita orisinal.
- Menjadi instruktur kursus online dan pembicara workshop.

Strategi dan Tantangan

- Konsistensi produksi dan promosi.
- Mengikuti perkembangan teknologi.
- Mengelola waktu dan menjaga kualitas.

Tips untuk Tetap Termotivasi dan Kreatif

- Tetap belajar dan eksplorasi teknik baru.
- Cari inspirasi dari karya kreator lain.
- Beristirahat dan jaga keseimbangan kerja dan hidup.
- Tetapkan tujuan jangka pendek dan panjang.

Kesimpulan

Karier di bidang video visual storytelling sangat luas dan menjanjikan, terutama dengan kemampuan yang kamu peroleh melalui Canva dan pengembangan skill lanjutan. Dengan membangun portofolio kuat, jaringan profesional, dan terus mengikuti tren, kamu bisa menjadi kreator video storytelling yang sukses dan dihargai.

Bab 9: Panduan Lengkap Membuat Proyek Final Besar dengan Canva sebagai Ajang Unjuk Kemampuan Video Visual Cerita

Pendahuluan

Bab ini akan menjadi puncak dari perjalanan belajar kamu dalam membuat video visual cerita dengan Canva. Di bab ini, kamu akan diajak membuat proyek final besar yang menyatukan semua skill dan pengetahuan yang telah dipelajari sebelumnya. Proyek ini bukan hanya sekadar latihan, tetapi juga bisa menjadi portofolio unggulan yang menunjukkan kemampuan profesional kamu.

Merencanakan Proyek Final Besar

Menentukan Tema dan Tujuan

- Pilih tema yang menarik dan relevan dengan passion kamu, misal cerita inspiratif, edukasi, fiksi futuristik.
- Tentukan tujuan proyek: apakah untuk pameran, lomba, portofolio, atau pemasaran personal branding.

Membuat Outline dan Naskah Lengkap

- Buat outline cerita dengan struktur jelas: pembuka, konflik, klimaks, dan penutup.

- Kembangkan naskah dengan dialog, narasi, dan detail visual yang diperlukan.
- Pastikan cerita memiliki pesan kuat dan emosi yang menyentuh.

Menyusun Storyboard dan Script Video

Membuat Storyboard Visual

- Gambar atau susun slide kasar yang menggambarkan setiap adegan atau scene.
- Tandai elemen penting seperti teks, animasi, musik, dan efek suara.

Menyusun Script untuk Narasi dan Dialog

- Siapkan teks narasi yang akan dibacakan atau ditampilkan.
- Pastikan script singkat, jelas, dan mudah dipahami.

Menyiapkan Elemen Visual dan Audio di Canva

Mengumpulkan dan Membuat Gambar dan Ilustrasi

- Gunakan library Canva untuk mencari gambar yang sesuai.
- Jika perlu, buat ilustrasi sendiri dengan fitur Canva seperti shapes, icons, dan drawing tools.

Memilih Font dan Warna yang Konsisten

- Pilih palet warna yang mendukung mood cerita.

- Gunakan font yang mudah dibaca dan konsisten di seluruh video.

Menambahkan Musik dan Efek Suara

- Pilih musik latar dari koleksi Canva atau unggah sendiri.
- Tambahkan efek suara untuk meningkatkan pengalaman audiens.

Teknik Editing dan Animasi Lanjutan di Canva

Menggunakan Animasi Slide dan Elemen

- Terapkan animasi masuk dan keluar pada teks dan gambar.
- Gunakan animasi untuk menyorot bagian penting cerita.

Mengatur Durasi dan Transisi

- Sesuaikan durasi setiap slide agar pas dengan narasi.
- Gunakan transisi halus untuk perpindahan antar scene.

Menyisipkan Voice Over atau Narasi Audio

- Rekam narasi sendiri atau gunakan voice over profesional.
- Sinkronkan audio dengan visual secara tepat.

Review dan Revisi Proyek

Meminta Feedback dari Teman atau Mentor

- Tampilkan proyek ke orang lain dan minta masukan.
- Catat kritik dan saran untuk perbaikan.

Melakukan Revisi dan Penyempurnaan

- Perbaiki bagian yang kurang sesuai berdasarkan feedback.
- Pastikan kualitas audio dan visual maksimal.

Menyiapkan Proyek untuk Publikasi

Mengekspor Video dari Canva

- Pilih format dan resolusi yang sesuai, biasanya MP4 dengan kualitas tinggi.
- Pastikan ukuran file tidak terlalu besar untuk platform tujuan.

Membuat Deskripsi dan Judul Menarik

- Buat judul yang menggugah rasa penasaran.
- Tulis deskripsi lengkap dengan kata kunci relevan.

Memanfaatkan Proyek Final sebagai Portofolio Unggulan

Menampilkan di Website dan Media Sosial

- Upload ke Vimeo, YouTube, dan website pribadi.
- Bagikan teaser di Instagram, TikTok, dan LinkedIn.

Menggunakan untuk Melamar Kerja atau Proyek Freelance

- Sertakan proyek ini dalam aplikasi kerja dan proposal klien.
- Gunakan sebagai bukti kemampuan yang komprehensif.

Studi Kasus: Proyek Final "Robot Kesepian" Versi Besar

- Cerita dikembangkan menjadi video berdurasi 5-7 menit.
- Menggunakan animasi lanjutan, musik orisinal, dan voice over.
- Mendapat respon positif di media sosial dan undangan workshop.

Tips untuk Menyelesaikan Proyek Final dengan Sukses

- Buat jadwal kerja yang realistis dan disiplin.
- Jangan takut revisi dan terus belajar dari proses.
- Jaga motivasi dengan mengingat tujuan besar.
- Manfaatkan komunitas untuk dukungan dan inspirasi.

Kesimpulan

Membuat proyek final besar dengan Canva adalah langkah besar untuk membuktikan kemampuan kamu dalam video visual cerita. Dengan perencanaan matang, teknik editing lanjutan, dan pemasaran yang tepat, proyek ini akan menjadi batu loncatan penting dalam karier kreatif kamu.

Bab 10: Menjaga Kreativitas dan Pengembangan Diri dalam Dunia Video Visual Cerita dengan Canva

Pendahuluan

Setelah menguasai berbagai teknik membuat video visual cerita, membangun portofolio, dan menjalankan proyek besar, tantangan berikutnya adalah bagaimana menjaga kreativitas tetap hidup dan terus berkembang. Kreativitas adalah aset utama bagi setiap kreator, apalagi di bidang video visual storytelling yang sangat dinamis.

Di bab ini, kita akan membahas berbagai strategi untuk menjaga semangat berkarya, mengatasi hambatan kreatif, dan terus mengembangkan kemampuan agar tetap relevan dan inovatif di dunia yang selalu berubah.

Memahami Pentingnya Kreativitas dalam Video Visual Cerita

Apa itu Kreativitas?

- Kreativitas adalah kemampuan menghasilkan ide-ide baru dan orisinal.
- Dalam video storytelling, kreativitas membantu menghasilkan cerita yang unik dan visual yang menarik.

Mengapa Kreativitas Penting?

- Membantu membedakan karya kamu dari ribuan kreator lain.

- Membuat cerita lebih menyentuh dan mudah diingat audiens.
- Membuka peluang baru dan inovasi dalam produksi video.

Membangun Rutinitas Kreatif yang Produktif

Menyisihkan Waktu Khusus untuk Berkarya

- Buat jadwal rutin untuk membuat ide dan eksperimen video.
- Gunakan teknik Pomodoro atau time-blocking agar fokus.

Membuat Ritual Kreatif

- Lakukan kegiatan yang memicu ide, misalnya membaca, berjalan-jalan, mendengarkan musik.
- Catat ide-ide yang muncul kapan saja, gunakan aplikasi notes atau jurnal kreatif.

Mengatasi Hambatan Kreatif (Creative Block)

Mengenali Tanda-Tanda Creative Block

- Merasa stuck dan tidak bisa menghasilkan ide baru.
- Kurang motivasi dan semangat kerja.

Cara Mengatasinya

- Beristirahat sejenak dan beri otak waktu untuk rileks.
- Cari inspirasi dari karya lain, film, seni, atau alam.

- Berkolaborasi dengan kreator lain untuk mendapatkan perspektif baru.
- Coba teknik brainstorming dan mind mapping.

Mengembangkan Skill dan Pengetahuan secara Berkelanjutan

Mengikuti Kursus dan Workshop

- Manfaatkan platform belajar online seperti Coursera, Udemy, Skillshare.
- Ikuti workshop yang mengajarkan teknik baru dalam storytelling dan video editing.

Membaca Buku dan Artikel Terkait

- Buku tentang storytelling, desain visual, animasi, dan psikologi audiens.
- Artikel dan blog kreatif yang membahas tren terbaru.

Berpartisipasi dalam Komunitas Kreatif

- Bergabung dengan forum dan grup media sosial.
- Ikut serta dalam kompetisi dan tantangan kreatif.

Memanfaatkan Teknologi dan Tools Terbaru

Eksplorasi Fitur Baru Canva

- Selalu update dengan fitur terbaru Canva.

- Manfaatkan template, animasi, dan efek yang sedang tren.

Menggunakan Software Pendukung

- Pelajari software tambahan untuk editing audio, animasi, atau grafik.
- Integrasikan hasil kerja dengan Canva untuk hasil maksimal.

Membangun Mindset Positif dan Resiliensi

Menerima Kritik dan Feedback

- Jadikan kritik sebagai alat untuk belajar dan berkembang.
- Pisahkan kritik membangun dengan komentar negatif.

Tetap Konsisten dan Disiplin

- Buat target dan evaluasi progres berkala.
- Jangan mudah menyerah meskipun menghadapi kegagalan.

Merayakan Setiap Pencapaian

- Hargai proses dan hasil yang sudah dicapai.
- Gunakan pencapaian sebagai motivasi untuk terus maju.

Inspirasi dari Kreator Terkenal dan Kisah Sukses

Studi Kasus Kreator Canva Terkenal

- Contoh kreator yang sukses membangun karier melalui video storytelling di Canva.
- Strategi dan tips yang bisa dipelajari.

Mengambil Pelajaran dari Gagal dan Berhasil

- Kisah kegagalan yang akhirnya membawa kesuksesan.
- Pentingnya belajar dari pengalaman.

Menjaga Keseimbangan antara Kreativitas dan Kesehatan Mental

Pentingnya Istirahat dan Rekreasi

- Jangan abaikan kebutuhan fisik dan mental.
- Lakukan olahraga ringan dan aktivitas menyenangkan di luar pekerjaan.

Mengelola Stress dan Tekanan

- Teknik relaksasi seperti meditasi dan pernapasan.
- Cari dukungan dari teman atau profesional bila diperlukan.

Merencanakan Pengembangan Karier Jangka Panjang

Menetapkan Tujuan Kreatif dan Profesional

- Buat roadmap karier dengan tujuan spesifik.
- Rencanakan skill apa yang akan dipelajari dan proyek apa yang ingin dibuat.

Mengikuti Tren Industri dan Peluang Baru

- Tetap up-to-date dengan perubahan di dunia video dan storytelling.
- Adaptasi dengan format dan platform baru.

Kesimpulan

Menjaga kreativitas dan pengembangan diri adalah proses yang berkelanjutan dan esensial untuk menjadi kreator video visual cerita yang sukses dan bertahan lama. Dengan mindset yang tepat, disiplin, dan keinginan belajar yang kuat, kamu bisa terus menghasilkan karya-karya yang inspiratif dan bernilai.

Bab 11: Rangkuman, Langkah Praktis, dan Panduan Memulai Proyek Pribadi Video Visual Cerita dengan Canva

Pendahuluan

Setelah menempuh perjalanan panjang mempelajari berbagai aspek dalam membuat video visual cerita menggunakan Canva, saatnya untuk merangkum pembelajaran dan menyiapkan diri untuk langsung praktek. Bab ini memberikan gambaran menyeluruh mengenai konsep, teknik, dan strategi yang sudah dibahas, sekaligus menyajikan panduan praktis agar kamu bisa segera memulai proyek pribadi.

Rangkuman Pembelajaran Utama

Dasar-dasar Video Visual Cerita

- Pengenalan storytelling dan visual storytelling.
- Fungsi dan keunggulan Canva sebagai alat pembuatan video.
- Struktur cerita yang kuat: pembukaan, konflik, klimaks, dan penutup.

Teknik Membuat Video di Canva

- Membuat slide video dengan elemen grafis, teks, dan animasi.

- Menggunakan template dan mengedit sesuai kebutuhan.
- Menambahkan audio, musik, dan voice over.

Pengembangan Skill Lanjutan

- Animasi lanjutan dan transisi slide.
- Editing durasi dan sinkronisasi audio-visual.
- Storyboarding dan naskah yang efektif.

Strategi Pemasaran dan Karier

- Membangun portofolio dan personal branding.
- Peluang kerja freelancer, content creator, dan edukator.
- Platform distribusi video dan monetisasi.

Menjaga Kreativitas dan Pengembangan Diri

- Membuat rutinitas kreatif.
- Mengatasi hambatan kreatif.
- Belajar terus menerus dan mengikuti tren.

Memulai Proyek Pribadi: Persiapan Awal

Menentukan Ide dan Tema Proyek

- Pilih tema yang sesuai minat dan tujuan pribadi.
- Sesuaikan dengan target audiens yang ingin kamu sasar.
- Contoh ide: cerita pendek, dokumenter mini, tutorial, video promosi.

Membuat Outline dan Naskah Singkat

- Tuliskan alur cerita secara garis besar.

- Buat naskah yang mudah dipahami dan mengalir dengan baik.
- Sisipkan dialog, narasi, dan petunjuk visual.

Mendesain Video dengan Canva: Langkah demi Langkah

Membuat Akun Canva dan Memilih Template Video

- Registrasi akun gratis atau upgrade ke Canva Pro.
- Cari template video yang cocok dengan tema.

Menyusun Slide Sesuai Storyboard

- Buat slide berdasarkan outline cerita.
- Atur elemen grafis, teks, dan gambar pada tiap slide.

Menambahkan Animasi dan Transisi

- Terapkan animasi untuk membuat video lebih hidup.
- Gunakan transisi antar slide yang halus dan menarik.

Memasukkan Audio dan Voice Over

- Pilih musik latar dari library Canva atau unggah sendiri.
- Rekam voice over menggunakan perangkatmu dan unggah ke Canva.
- Sinkronkan audio dengan visual.

Tips Memaksimalkan Kualitas Video

Gunakan Resolusi dan Format yang Tepat

- Pilih resolusi HD (1080p) untuk hasil maksimal.
- Format MP4 yang kompatibel di berbagai platform.

Perhatikan Konsistensi Visual dan Audio

- Gunakan palet warna dan font yang seragam.
- Pastikan audio jelas dan volume seimbang.

Review dan Koreksi

- Tonton video secara keseluruhan untuk mengecek kesalahan.
- Minta feedback dari teman atau komunitas kreatif.

Publikasi dan Promosi Video

Memilih Platform Distribusi

- YouTube untuk video panjang dan portfolio.
- Instagram Reels dan TikTok untuk video pendek.
- Vimeo untuk konten profesional.

Membuat Judul dan Deskripsi yang Menarik

- Gunakan kata kunci dan kalimat yang menggugah.
- Sertakan link ke akun sosial media dan portofolio.

Berinteraksi dengan Audiens

- Balas komentar dan pertanyaan.
- Gunakan feedback untuk perbaikan karya selanjutnya.

Mengelola Proyek dan Mengukur Kesuksesan

Membuat Jadwal dan Target

- Tetapkan deadline realistis untuk setiap tahap produksi.
  - Buat milestone dan evaluasi berkala.

Mengukur Kinerja Video

- Gunakan data analitik platform (views, likes, shares).
  - Pelajari pola keterlibatan audiens.

Mengatasi Tantangan dalam Proyek Pribadi

Menjaga Motivasi dan Konsistensi

- Ingat alasan kamu mulai dan tujuan akhir.
  - Buat jadwal kerja yang seimbang.

Menghadapi Kritik dan Feedback Negatif

- Gunakan kritik sebagai bahan evaluasi.
  - Tetap percaya diri dan terus berkarya.

Studi Kasus: Memulai Proyek Pribadi "Cerita Robot Kesepian"

- Contoh langkah konkret dari ide hingga publikasi.
  - Penggunaan Canva untuk visual, animasi, dan audio.

- Promosi melalui media sosial dan hasil respon audiens.

Rencana Pengembangan Jangka Panjang

Membuat Portofolio Online

- Kumpulkan semua proyek pribadi dan profesional.
    - Update secara berkala dengan karya terbaru.

Menjaga Hubungan dengan Komunitas Kreatif

- Aktif dalam forum dan grup diskusi.
    - Berkolaborasi dalam proyek bersama.

Kesimpulan

Memulai proyek pribadi video visual cerita menggunakan Canva adalah langkah penting untuk membuktikan kemampuan dan membangun karier kreatif. Dengan persiapan matang, teknik yang tepat, dan strategi promosi yang baik, kamu dapat menghasilkan karya yang bermakna dan profesional.

Bab 12: Teknik Storytelling Lanjutan dan Pengoptimalan Video Visual Cerita dengan Canva

Pendahuluan

Setelah mempelajari dasar-dasar dan praktek langsung membuat video visual cerita menggunakan Canva, kini saatnya mengasah teknik storytelling agar karya kamu semakin menarik dan berdampak. Bab ini akan membahas teknik storytelling lanjutan yang dapat memperkuat pesan cerita serta cara mengoptimalkan video agar lebih profesional dan efektif dalam menyampaikan pesan.

Memahami Teknik Storytelling Lanjutan

Penggunaan Struktur Narasi Non-Linear

- Cerita tidak harus selalu mengikuti alur kronologis.
- Teknik flashback, flashforward, atau multiple perspectives dapat menambah kedalaman.
- Contoh: Memulai cerita dengan klimaks kemudian mundur ke asal-usul cerita.

Membangun Karakter yang Kompleks dan Autentik

- Berikan karakter latar belakang yang jelas dan motivasi yang kuat.

- Tampilkan perkembangan karakter (character arc) sepanjang cerita.
- Gunakan dialog dan visual untuk menggambarkan kepribadian dan emosi.

Memanfaatkan Konflik dan Resolusi yang Menarik

- Konflik adalah inti dari setiap cerita yang baik.
- Buat konflik yang relevan dengan audiens dan memiliki dampak emosional.
- Pastikan resolusi memberikan kepuasan naratif.

Teknik 'Show, Don't Tell'

- Gunakan visual dan aksi untuk mengkomunikasikan emosi dan cerita.
- Hindari narasi berlebihan; biarkan gambar berbicara.
- Contoh: Daripada mengatakan "Robot kesepian," tampilkan robot yang sendirian di ruangan gelap.

Mengoptimalkan Visual untuk Storytelling yang Kuat

Pemilihan Warna untuk Mood dan Emosi

- Warna dapat mengkomunikasikan suasana hati.
- Gunakan palet warna yang konsisten dan mendukung cerita.

- Contoh: Warna gelap untuk suasana sedih, warna cerah untuk kebahagiaan.

Tipografi yang Mendukung Pesan

- Pilih font yang mudah dibaca dan sesuai dengan tema cerita.
- Gunakan ukuran dan posisi teks untuk menyoroti bagian penting.

Komposisi Visual yang Efektif

- Atur elemen visual agar seimbang dan fokus pada poin utama.
- Gunakan prinsip desain seperti rule of thirds, leading lines.

Animasi yang Mendukung Narasi

- Gunakan animasi untuk menambah dinamika tanpa mengganggu.
- Terapkan efek transisi yang halus untuk menjaga flow cerita.

Teknik Audio untuk Meningkatkan Pengalaman Penonton

Musik Latar yang Tepat

- Pilih musik yang mendukung mood dan tempo cerita.
- Hindari musik yang terlalu dominan sehingga mengalihkan perhatian.

Efek Suara yang Menguatkan Visual

● Tambahkan suara ambient atau efek khusus untuk mendukung adegan.

● Contoh: Suara mesin untuk robot, suara langkah kaki untuk adegan berjalan.

Narasi dan Voice Over Profesional

● Gunakan narasi yang jelas, artikulatif, dan penuh emosi.

● Latihan pengucapan dan intonasi untuk menyampaikan pesan dengan tepat.

Teknik Editing Lanjutan di Canva

Sinkronisasi Audio dan Visual

● Pastikan timing animasi dan narasi pas agar pesan tersampaikan dengan jelas.

● Gunakan fitur timeline Canva untuk mengatur durasi dengan tepat.

Penggunaan Layer dan Grouping

● Kelompokkan elemen yang saling terkait agar mudah diedit.

● Atur layer agar visual tidak saling tumpang tindih secara tidak diinginkan.

Pemanfaatan Template Custom dan Branding

● Buat template sendiri yang sesuai dengan gaya kamu.

● Tambahkan logo dan elemen branding untuk profesionalisme.

Meningkatkan Engagement dengan Video Visual Cerita

Memahami Audiens

- Kenali preferensi, umur, dan kebutuhan audiens.
  - Sesuaikan gaya cerita dan visual dengan target penonton.

Call to Action (CTA) yang Efektif

- Sisipkan ajakan yang jelas seperti subscribe, share, atau komentar.
  - Tempatkan CTA di bagian akhir video dengan desain menonjol.

Menggunakan Subtitel dan Teks Pendukung

- Tambahkan subtitel untuk memperluas jangkauan penonton.
  - Gunakan teks untuk menegaskan poin penting.

Memanfaatkan Fitur Canva untuk Kolaborasi dan Feedback

Mengundang Kolaborator

- Canva memungkinkan berbagi proyek dengan tim secara real-time.
  - Manfaatkan fitur komentar untuk diskusi dan revisi.

Iterasi dan Revisi Cepat

- Lakukan perubahan langsung berdasarkan feedback.
  - Simpan versi proyek untuk perbandingan.

Studi Kasus: Video Visual Cerita dengan Teknik Lanjutan

"Robot Kesepian" Versi Storytelling Lanjutan

- Menggunakan flashback dan voice over emosional.
- Warna gelap dan animasi halus untuk menyampaikan kesepian.
- Efek suara ambient dan musik latar mendukung suasana.

Analisis Hasil dan Respon Audiens

- Penonton lebih terhubung secara emosional.
- Engagement meningkat signifikan dibanding versi sebelumnya.

Mengatasi Tantangan Teknikal dan Kreatif

Keterbatasan Fitur Canva

- Kombinasikan Canva dengan software lain untuk efek khusus.
- Pelajari trik dan hack dari komunitas pengguna Canva.

Menjaga Konsistensi dalam Proyek Panjang

- Buat panduan gaya (style guide) untuk visual dan audio.
- Gunakan template dan asset reusable.

Tips Praktis untuk Mengembangkan Teknik Storytelling di Canva

- Eksperimen dengan berbagai gaya dan format.
- Selalu belajar dari feedback dan analytics.

- Ikuti tren visual dan audio terkini.
- Rajin menonton dan menganalisis karya kreator lain.

Kesimpulan

Teknik storytelling lanjutan dan pengoptimalan video visual cerita dengan Canva adalah kunci untuk membuat karya yang tidak hanya menarik secara visual, tapi juga kuat dalam penyampaian pesan. Dengan terus mengasah teknik dan memanfaatkan fitur Canva secara maksimal, kamu dapat menghasilkan video yang memukau dan berkesan bagi audiens.

Bab 13: Membangun Personal Branding dan Strategi Pemasaran Efektif untuk Karya Video Visual Cerita Menggunakan Canva

Pendahuluan

Di era digital saat ini, kemampuan membuat video visual cerita yang menarik saja tidak cukup. Agar karya kamu dikenal luas dan berpengaruh, kamu harus membangun personal branding yang kuat dan menerapkan strategi pemasaran yang efektif. Bab ini akan membahas langkah-langkah membangun personal branding yang autentik dan cara memasarkan karya video visual cerita menggunakan Canva agar mencapai audiens yang tepat dan mendapatkan peluang lebih besar.

Memahami Konsep Personal Branding

Apa itu Personal Branding?

- Personal branding adalah proses membangun citra dan reputasi diri secara profesional di mata publik.
- Dalam konteks kreator video, personal branding mencakup gaya visual, cara komunikasi, nilai-nilai yang ingin disampaikan, dan konsistensi dalam berkarya.

Mengapa Personal Branding Penting?

- Membedakan diri dari kreator lain yang jumlahnya sangat banyak.

- Membantu audiens mengingat dan mengasosiasikan karya dengan kamu.
- Mempermudah peluang kolaborasi, pekerjaan, dan penjualan karya.

Menentukan Identitas Personal Branding

Mengenali Diri dan Keunikan

- Buat daftar kelebihan, minat, dan nilai-nilai yang ingin ditonjolkan.
- Temukan ciri khas yang membedakan kamu dari kreator lain.

Menentukan Gaya Visual dan Suara

- Pilih palet warna, font, dan elemen visual yang konsisten di semua karya dan media sosial.
- Tentukan tone dan gaya komunikasi, misalnya formal, santai, atau inspiratif.

Membuat Logo dan Identitas Visual

- Gunakan Canva untuk membuat logo personal yang mudah dikenali.
- Buat template untuk thumbnail, banner, dan materi promosi lain yang seragam.

Membangun Platform Online untuk Personal Branding

Website dan Portofolio Online

• Buat website sederhana yang menampilkan profil, karya, dan kontak.

• Platform seperti Wix, WordPress, atau bahkan Canva Website Builder dapat digunakan.

Media Sosial yang Tepat

• Pilih platform yang sesuai dengan target audiens, misalnya Instagram, TikTok, YouTube, LinkedIn.

• Posting konten secara rutin dengan kualitas tinggi dan interaktif.

Channel YouTube atau Vimeo

• Unggah video visual cerita secara berkala.

• Gunakan deskripsi dan tag yang tepat untuk SEO.

Strategi Konten untuk Meningkatkan Jangkauan

Membuat Konten Berkualitas dan Konsisten

• Fokus pada kualitas cerita dan visual.

• Buat jadwal posting yang teratur.

Menggunakan Hashtag dan SEO

- Pelajari hashtag yang relevan untuk menjangkau audiens lebih luas.
- Optimasi judul, deskripsi, dan tag dengan kata kunci.

Berinteraksi dengan Audiens

- Balas komentar dan pesan.
- Buat konten interaktif seperti polling, Q&A, dan tantangan.

Memanfaatkan Kolaborasi dan Networking

Berkolaborasi dengan Kreator Lain

- Cari kreator dengan minat dan gaya serupa untuk proyek bersama.
- Kolaborasi dapat memperluas jangkauan audiens.

Mengikuti Komunitas Kreatif

- Aktif di forum, grup Facebook, Discord, atau komunitas online lainnya.
- Ikuti webinar dan workshop untuk bertemu dengan profesional lain.

Strategi Pemasaran untuk Video Visual Cerita

Memahami Target Pasar

- Definisikan siapa audiens utama video kamu.
- Pelajari kebutuhan dan preferensi mereka.

Menentukan Platform Distribusi

- Sesuaikan format dan durasi video dengan platform, seperti TikTok untuk video pendek dan YouTube untuk video panjang.

Membuat Kampanye Pemasaran Digital

- Gunakan iklan berbayar di media sosial untuk menjangkau target spesifik.
- Buat landing page untuk mengumpulkan leads atau menjual karya.

Memanfaatkan Email Marketing

- Bangun daftar email dari penggemar dan calon klien.
- Kirim newsletter berkala dengan update dan konten eksklusif.

Monetisasi Karya Video Visual Cerita

Menjual Karya secara Langsung

- Gunakan platform seperti Etsy, Gumroad, atau website pribadi.

- Tawarkan lisensi penggunaan video atau proyek kustom.

Platform Monetisasi Video

- YouTube Partner Program, Patreon, Vimeo On Demand.
- Buat konten eksklusif berbayar.

Freelance dan Project-Based Work

- Tawarkan jasa pembuatan video visual cerita untuk bisnis atau individu.
- Buat paket harga dan portofolio yang menarik.

Membangun Reputasi dan Testimoni

Meminta Review dan Testimoni

- Mintalah feedback dari klien dan penonton.
- Gunakan testimoni untuk memperkuat kredibilitas.

Membangun Kredibilitas Melalui Konten Edukasi

- Buat tutorial atau webinar tentang teknik video dan storytelling.
- Jadikan diri kamu sebagai sumber terpercaya.

Mengukur dan Menganalisis Hasil Pemasaran

Menggunakan Analytics Platform

- Pantau performa video dan media sosial menggunakan tools seperti YouTube Analytics, Instagram Insights.

Menyesuaikan Strategi Berdasarkan Data

- Identifikasi konten yang paling efektif.
- Fokuskan usaha pada strategi yang memberikan hasil terbaik.

Studi Kasus: Membangun Personal Branding dan Pemasaran Video "Robot Kesepian"

- Langkah-langkah yang dilakukan untuk membangun branding personal kreator.
- Strategi promosi yang digunakan untuk mencapai audiens yang luas.
- Hasil dan pembelajaran dari kampanye pemasaran.

Tips Praktis dan Kesalahan yang Harus Dihindari

Tips Praktis

- Konsistensi adalah kunci.
- Jadilah autentik dan jujur dalam membangun branding.
- Manfaatkan feedback untuk perbaikan terus-menerus.

Kesalahan Umum yang Harus Dihindari

- Tidak fokus pada niche atau audiens spesifik.
- Mengabaikan interaksi dengan audiens.
- Menggunakan strategi pemasaran yang tidak terukur.

Kesimpulan

Membangun personal branding dan strategi pemasaran yang tepat sangat penting untuk mengangkat karya video visual cerita kamu ke level yang lebih tinggi. Dengan pendekatan yang terencana dan konsisten, kamu tidak hanya akan dikenal luas tetapi juga membuka berbagai peluang kreatif dan finansial.

Bab 14: Teknik Storytelling Interaktif dan Pemanfaatan Teknologi Terbaru dalam Video Visual Cerita dengan Canva

Pendahuluan

Seiring perkembangan teknologi digital, storytelling tidak hanya sebatas menyampaikan cerita secara linear dan pasif, tapi kini dapat dibuat lebih interaktif dan imersif. Video visual cerita yang interaktif memungkinkan penonton untuk berpartisipasi, memilih jalannya cerita, dan merasakan pengalaman yang lebih personal. Bab ini membahas teknik storytelling interaktif serta teknologi terbaru yang dapat kamu manfaatkan dalam membuat video visual cerita dengan Canva, agar karyamu semakin menarik dan relevan di era digital.

Memahami Storytelling Interaktif

Definisi Storytelling Interaktif

- Storytelling interaktif adalah metode bercerita di mana audiens dapat berpartisipasi aktif dalam menentukan jalannya cerita melalui pilihan dan interaksi.
- Berbeda dengan video linear biasa, interaktif memungkinkan adanya cabang cerita (branching story) dan pengalaman yang dipersonalisasi.

Manfaat Storytelling Interaktif

- Meningkatkan keterlibatan dan daya tarik penonton.
- Memberikan pengalaman yang unik bagi tiap individu.
- Memperkuat pesan dan membuat cerita lebih mudah diingat.

Contoh Storytelling Interaktif dalam Media Digital

- Video interaktif di YouTube dengan fitur kartu pilihan.
- Web series dengan ending alternatif.
- Game naratif yang menggabungkan elemen visual dan pilihan cerita.

Teknik Membuat Storytelling Interaktif dengan Canva

Merancang Alur Cerita Cabang (Branching Story)

- Buat peta cerita (story map) dengan berbagai pilihan yang bisa diambil penonton.
- Tentukan konsekuensi setiap pilihan yang mengarah ke adegan berbeda.
- Pastikan pilihan tersebut bermakna dan mempengaruhi hasil cerita.

Membuat Slide Video Berurutan dengan Opsi Pilihan

- Gunakan slide berbeda untuk setiap jalur cerita.
- Tambahkan tombol atau teks yang mengarahkan penonton ke slide berikutnya sesuai pilihan.

• Walau Canva belum mendukung tombol interaktif langsung, kamu bisa membuat video terpisah dan mengarahkan link di deskripsi atau menggunakan platform lain untuk menggabungkan.

Menggunakan Hyperlink dan Call to Action

• Pada versi presentasi, Canva memungkinkan penggunaan hyperlink.

• Manfaatkan fitur ini untuk menghubungkan slide sesuai pilihan dalam versi interaktif.

• Bisa digunakan untuk membuat prototype interaktif yang diunggah sebagai presentasi.

Menggabungkan dengan Platform Eksternal untuk Interaktivitas Lebih Lanjut

• Setelah membuat konten di Canva, export video dan gunakan platform seperti Eko, YouTube Interactive Video, atau aplikasi game engine sederhana untuk mengintegrasikan fitur interaktif.

• Pastikan video tetap menarik dan mudah diikuti.

Pemanfaatan Teknologi Terbaru dalam Video Visual Cerita

Augmented Reality (AR)

• AR menambahkan elemen digital ke dunia nyata melalui kamera.

• Contoh: Karakter robot kesepian muncul di ruang nyata penonton melalui aplikasi AR.

• Platform sederhana untuk pemula: Spark AR Studio, Adobe Aero.

Virtual Reality (VR)

• VR memberikan pengalaman imersif penuh dengan lingkungan 360 derajat.

• Cocok untuk cerita yang membutuhkan pengalaman eksplorasi.

• Perlu software dan perangkat khusus seperti Oculus.

360-Degree Video

• Video yang bisa dilihat ke segala arah oleh penonton.

• Memberikan perspektif baru dan pengalaman eksplorasi bebas.

• Canva belum mendukung pembuatan langsung, tapi bisa diintegrasikan dengan tools lain.

AI dan Machine Learning

• AI membantu membuat storyboard otomatis, teks narasi, atau bahkan animasi.

• Tools seperti Runway ML, DeepMotion dapat digunakan sebagai pelengkap.

• AI juga bisa membantu analisa audiens untuk personalisasi konten.

Mengintegrasikan Storytelling Interaktif dengan Teknologi

Contoh Proyek: "Robot Kesepian" Interaktif

dengan AR

- Membuat video dasar dengan Canva.
- Menghasilkan asset 3D robot untuk aplikasi AR.
- Penonton dapat mengarahkan ponsel ke objek nyata dan melihat cerita berkembang.

Menggabungkan Video dengan Platform Interaktif

- Upload video ke platform interaktif.
- Buat cabang cerita dan pilihan bagi penonton.
- Analisa respon dan keterlibatan penonton.

Tantangan dan Solusi dalam Storytelling Interaktif dan Teknologi

Tantangan Teknis

- Keterbatasan Canva dalam interaktivitas langsung.
- Memerlukan software tambahan dan kurva belajar baru.

Solusi

- Pelajari tools pendukung secara bertahap.
- Mulai dengan proyek kecil dulu.
- Manfaatkan komunitas online dan tutorial.

Tantangan Kreatif

- Merancang cabang cerita yang koheren.
- Memastikan pilihan bermakna dan tidak membingungkan.

Solusi Kreatif

- Buat storyboard yang detail dan terstruktur.
- Uji coba dengan audiens kecil untuk feedback.

Tips Praktis Memulai Storytelling Interaktif dengan Canva

- Fokus pada cerita utama dulu, baru kembangkan cabang pilihan.
- Gunakan visual dan teks yang jelas untuk pilihan.
- Manfaatkan template Canva untuk mempercepat pembuatan.
- Eksport video dan gunakan platform tambahan sesuai kebutuhan.

Masa Depan Storytelling Visual dan Peluang Kreator

Tren yang Sedang Berkembang

- Konten interaktif semakin diminati di media sosial dan edukasi.
- Teknologi AR/VR menjadi alat pemasaran dan hiburan yang powerful.

Peluang untuk Kreator

- Menciptakan konten unik dan personal.
- Bekerja sama dengan brand dan perusahaan teknologi.
- Membuka jalur pendapatan baru melalui proyek interaktif.

Studi Kasus: Storytelling Interaktif "Robot Kesepian"

- Rencana pengembangan cabang cerita dan interaksi penonton.
- Implementasi teknologi AR sederhana.
- Respon audiens dan peluang pengembangan lebih lanjut.

Kesimpulan

Storytelling interaktif dan teknologi terbaru membuka dimensi baru dalam pembuatan video visual cerita. Dengan menguasai teknik ini, kamu bisa menciptakan karya yang tidak hanya menarik secara visual tapi juga mengajak audiens berpartisipasi aktif, menciptakan pengalaman yang lebih berkesan dan unik.

Bab 15: Teknik Pemasaran Konten Interaktif dan Pemanfaatan Media Sosial untuk Maksimalisasi Jangkauan dan Engagement

Pendahuluan

Di era digital, pembuatan konten interaktif bukan hanya soal kreativitas dan teknologi, tetapi juga tentang bagaimana memasarkan karya tersebut secara efektif agar dapat menjangkau audiens yang luas dan menciptakan engagement yang kuat. Bab ini akan membahas teknik pemasaran konten interaktif yang tepat dan bagaimana memanfaatkan media sosial secara maksimal untuk mendukung pertumbuhan dan keberhasilan karya video visual cerita kamu.

Memahami Pemasaran Konten Interaktif

Apa itu Pemasaran Konten Interaktif?

- Strategi pemasaran yang menggunakan konten yang melibatkan audiens secara aktif.
- Berbeda dengan konten pasif, konten interaktif mengajak penonton berpartisipasi melalui pilihan, kuis, polling, dan lain-lain.

Keunggulan Konten Interaktif dalam Pemasaran

- Meningkatkan waktu tonton dan interaksi.

- Membantu membangun hubungan yang lebih personal dengan audiens.
- Memperoleh data dan insight yang berharga tentang preferensi audiens.

Strategi Pemasaran Konten Interaktif

Membuat Konten Interaktif yang Relevan

- Sesuaikan konten dengan kebutuhan dan minat audiens.
- Contoh: Video interaktif tentang cerita robot kesepian dengan pilihan alur yang berbeda.

Menggunakan Call-to-Action (CTA) yang Efektif

- Gunakan CTA yang jelas dan mengundang partisipasi, seperti "Pilih akhir cerita kamu!" atau "Vote karakter favoritmu!"

Mempromosikan Konten di Berbagai Platform

- Sesuaikan format dan durasi konten dengan masing-masing platform.
- Gunakan teaser pendek di Instagram, TikTok, dan Facebook untuk mengarahkan ke video utama.

Pemanfaatan Media Sosial untuk Konten Interaktif

Instagram

- Gunakan fitur Stories dengan polling, quiz, dan question stickers.

• Manfaatkan Reels untuk teaser video visual cerita interaktif.

• Buat highlight khusus untuk konten interaktif.

TikTok

• Ciptakan video pendek yang mengundang komentar dan duet.

• Gunakan hashtag challenge untuk meningkatkan viralitas.

YouTube

• Gunakan fitur end screen dan kartu interaktif untuk cabang cerita.

• Buat playlist berdasarkan pilihan alur cerita.

Facebook

• Manfaatkan Facebook Live untuk sesi Q&A dan diskusi cerita.

• Gunakan grup komunitas untuk membangun loyalitas.

Membangun Komunitas Penggemar

Pentingnya Komunitas dalam Pemasaran

• Komunitas membantu menjaga engagement dan loyalitas audiens.

• Tempat berbagi ide, feedback, dan diskusi mendalam.

Cara Membangun Komunitas

• Buat grup di Facebook, Discord, atau Telegram.

- Ajak anggota berpartisipasi dalam pembuatan konten.

Menjaga Komunitas Tetap Aktif

- Rutin mengadakan event online, seperti live streaming dan kontes.
- Berikan penghargaan bagi anggota aktif.

Teknik Optimasi SEO dan Algoritma Media Sosial

SEO untuk Video dan Konten Interaktif

- Gunakan kata kunci yang tepat pada judul, deskripsi, dan tag.
- Optimasi metadata untuk meningkatkan visibilitas di mesin pencari.

Memahami Algoritma Media Sosial

- Algoritma biasanya memprioritaskan konten dengan engagement tinggi.
- Buat konten yang mengundang komentar, like, dan share.

Teknik Growth Hacking

- Gunakan strategi viral marketing.
- Kolaborasi dengan influencer dan kreator lain.
- Eksperimen dengan berbagai jenis konten dan waktu posting.

Penggunaan Data dan Analytics untuk Pemasaran

Memantau Performansi Konten

- Gunakan tools analytics platform seperti YouTube Analytics, Instagram Insights, TikTok Analytics.
- Perhatikan metrik seperti watch time, engagement rate, dan demografi penonton.

Menggunakan Data untuk Pengambilan Keputusan

- Identifikasi konten yang paling disukai.
- Pelajari kapan audiens paling aktif.
- Sesuaikan strategi konten dan pemasaran berdasarkan data.

Monetisasi Konten Interaktif di Media Sosial

Opsi Monetisasi di YouTube dan TikTok

- YouTube Partner Program dan TikTok Creator Fund.
- Iklan, sponsor, dan merchandise.

Monetisasi Melalui Platform Pendukung

- Patreon, Ko-fi, dan situs donasi.
- Penjualan video eksklusif dan kursus online.

Studi Kasus Pemasaran Konten Interaktif

Video "Robot Kesepian"

- Rencana promosi menggunakan teaser di Instagram dan TikTok.
- Pemanfaatan polling dan Q&A di Instagram Stories untuk melibatkan audiens.
- Analisis hasil kampanye dan engagement yang diperoleh.

Tantangan Pemasaran Konten Interaktif dan Cara Mengatasinya

Tantangan

- Membuat konten yang benar-benar menarik dan tidak membingungkan.
- Mengelola komunitas yang besar.
- Menghadapi algoritma media sosial yang berubah-ubah.

Solusi

- Riset audiens secara mendalam.
- Gunakan feedback komunitas untuk perbaikan.
- Tetap konsisten dan adaptif terhadap perubahan platform.

Tips Praktis Pemasaran Konten Interaktif

- Buat konten teaser yang memancing rasa penasaran.
- Gunakan storytelling yang kuat dan jelas.
- Libatkan audiens secara langsung melalui interaksi.
- Manfaatkan semua fitur platform media sosial secara maksimal.

Kesimpulan

Pemasaran konten interaktif dan pemanfaatan media sosial adalah kunci untuk memastikan karya video visual cerita kamu tidak hanya dibuat dengan baik, tetapi juga sampai ke tangan audiens yang tepat dan menghasilkan engagement yang tinggi. Dengan strategi yang tepat dan konsistensi, kamu bisa membangun komunitas penggemar setia dan membuka peluang monetisasi yang lebih besar.

Bab 16: Mengembangkan Kemampuan Storytelling dan Teknik Editing Lanjutan untuk Video Visual Cerita yang Profesional dan Menarik

Pendahuluan

Setelah menguasai dasar-dasar pembuatan video visual cerita dan pemasaran konten interaktif, kini saatnya mengasah kemampuan storytelling dan teknik editing yang lebih kompleks untuk menghasilkan karya yang tidak hanya menarik tetapi juga profesional. Bab ini akan membahas bagaimana mengembangkan narasi yang kuat, teknik editing lanjutan menggunakan Canva dan tools pendukung, serta tips agar video kamu tampil menonjol di antara banyak konten lain.

Mengapa Storytelling yang Kuat Penting?

Storytelling sebagai Jantung Karya Visual

- Cerita yang kuat adalah fondasi utama sebuah video visual yang berkesan.
- Storytelling yang baik menghubungkan penonton secara emosional dengan karakter dan alur.

Meningkatkan Engagement dan Retensi

- Video dengan cerita yang kuat cenderung ditonton hingga selesai.

• Penonton lebih mudah membagikan video yang memiliki pesan kuat.

Mengembangkan Narasi yang Menarik

Struktur Cerita Klasik

- **Pendahuluan:** Memperkenalkan karakter dan setting.
- **Konflik:** Masalah atau tantangan yang dihadapi karakter.
- **Klimaks:** Titik puncak ketegangan.
- **Resolusi:** Penyelesaian masalah dan kesimpulan.

Teknik Menulis Narasi

- Gunakan bahasa yang mudah dipahami dan komunikatif.
- Sisipkan dialog yang natural dan relevan.
- Gunakan cliffhanger untuk mempertahankan rasa penasaran.

Menggunakan Visual untuk Mendukung Narasi

- Visual harus mendukung dan memperkuat cerita, bukan hanya sebagai pelengkap.
- Pilih gambar, warna, dan animasi yang sesuai dengan mood cerita.

Teknik Editing Lanjutan di Canva

Pemanfaatan Timeline Editing

- Canva kini mendukung timeline yang memungkinkan pengaturan timing animasi dan transisi secara presisi.

- Manfaatkan fitur ini untuk mengatur durasi scene dan sinkronisasi audio.

Penggunaan Layer dan Grouping

- Organisasi elemen di slide dengan fitur layer untuk memudahkan pengeditan.
- Group elemen yang sering dipakai bersama agar lebih cepat saat editing.

Transisi dan Animasi Lanjutan

- Gunakan berbagai jenis animasi untuk efek yang berbeda seperti fade, slide, bounce.
- Kombinasikan animasi dengan timing yang tepat agar terlihat natural.

Editing Audio dan Narasi

- Masukkan suara narasi atau musik latar yang mendukung suasana cerita.
- Sesuaikan volume dan gunakan fade in/out untuk transisi audio halus.

Menggabungkan Canva dengan Software Editing Profesional

Export dan Import ke Software Lain

- Setelah membuat dasar video di Canva, eksport dalam format MP4.

- Gunakan software editing seperti Adobe Premiere Pro, DaVinci Resolve, atau Final Cut Pro untuk sentuhan lanjutan.

Menambahkan Efek Visual dan Motion Graphics

- Di software profesional, kamu bisa menambahkan efek khusus, koreksi warna, dan motion graphics.
- Kombinasikan hasil dari Canva dengan efek-efek ini untuk hasil yang lebih mengesankan.

Teknik Color Grading

- Warna berpengaruh besar pada mood dan estetika video.
- Pelajari teknik color grading dasar untuk memperkuat suasana cerita.

Tips Mengedit Video untuk Storytelling yang Efektif

Jaga Tempo dan Ritme

- Sesuaikan durasi adegan dengan mood cerita.
- Hindari scene yang terlalu panjang atau terlalu cepat.

Gunakan Cut yang Tepat

- Cut harus mendukung kelancaran alur dan tidak membuat penonton bingung.
- Gunakan cut pada momen dramatis untuk meningkatkan ketegangan.

Perhatikan Audio dan Visual Sinkronisasi

- Pastikan audio narasi sinkron dengan visual.
  - Gunakan efek suara untuk memperkuat suasana.

Membuat Storyboard dan Pre-visualization

Pentingnya Storyboard

- Storyboard membantu visualisasi cerita sebelum produksi.
  - Mengurangi kesalahan dan mempercepat proses editing.

Membuat Storyboard di Canva

- Gunakan template storyboard yang tersedia.
  - Sisipkan gambar kasar dan catatan narasi.

Pre-visualization dengan Animatics

- Animatics adalah storyboard yang dianimasikan secara sederhana.
  - Membantu melihat alur dan timing cerita sebelum produksi penuh.

Studi Kasus Editing Video Visual Cerita "Robot Kesepian"

- Proses pengembangan narasi yang lebih kompleks.
  - Teknik editing lanjutan di Canva dan software pendukung.
  - Hasil akhir dan respon audiens.

Kesalahan Umum dalam Editing Video Visual Cerita dan Cara Menghindarinya

Over-editing

- Terlalu banyak efek dapat mengalihkan perhatian dari cerita.
  - Gunakan efek secukupnya dan relevan.

Inkonistensi Visual dan Audio

- Pastikan style visual dan audio konsisten sepanjang video.
  - Hindari perubahan yang tiba-tiba tanpa alasan cerita.

Mengabaikan Feedback

- Terbuka dengan kritik dan saran dari audiens dan rekan kerja.
  - Gunakan feedback untuk perbaikan berkelanjutan.

Mengasah Kemampuan Editing melalui Praktik dan Sumber Belajar

Rutin Berlatih dengan Proyek Kecil

- Buat video pendek dan eksperimen dengan teknik baru.
  - Pelajari dari hasil dan terus tingkatkan kualitas.

Mengikuti Kursus dan Tutorial

- Banyak kursus online gratis dan berbayar di platform seperti Udemy, Coursera, YouTube.
  - Cari tutorial khusus editing di Canva dan software editing profesional.

Bergabung dengan Komunitas Kreator

- Diskusi dan berbagi pengalaman dengan kreator lain.
- Mendapatkan inspirasi dan solusi masalah teknis.

Kesimpulan

Mengembangkan kemampuan storytelling dan teknik editing lanjutan sangat penting untuk menciptakan video visual cerita yang profesional dan menarik. Dengan memadukan kreativitas narasi dan keahlian teknis, kamu dapat menghasilkan karya yang tidak hanya memikat secara visual tetapi juga mengena secara emosional bagi penonton.

Bab 17: Teknik Pemasaran Lanjutan dan Strategi Membangun Brand Kreator yang Kuat di Era Digital

Pendahuluan

Membangun karya yang hebat dalam video visual cerita adalah langkah awal yang penting, tetapi untuk bertahan dan berkembang di era digital yang sangat kompetitif, kamu perlu menguasai teknik pemasaran lanjutan dan strategi membangun brand pribadi yang kuat. Bab ini akan membahas berbagai teknik pemasaran digital tingkat lanjut, cara membangun brand kreator yang otentik dan berpengaruh, serta strategi mempertahankan relevansi dalam jangka panjang.

Memahami Pentingnya Brand Kreator

Apa itu Brand Kreator?

- Brand kreator adalah citra, reputasi, dan nilai yang kamu bangun sebagai seorang kreator konten.
- Brand membedakan kamu dari kreator lain dan menciptakan hubungan emosional dengan audiens.

Mengapa Brand Kreator Penting?

- Membantu audiens mengenali dan mengingat karya kamu.
- Meningkatkan peluang kolaborasi dan sponsorship.
- Membuka jalur pendapatan yang lebih beragam.

Membangun Brand yang Kuat dan Otentik

Mengenal Diri Sendiri sebagai Kreator

- Tentukan nilai-nilai, visi, dan misi kreator kamu.
- Kenali gaya dan suara khas yang ingin kamu tampilkan.

Konsistensi dalam Visual dan Narasi

- Gunakan palet warna, font, dan gaya visual yang konsisten di seluruh konten.
- Bangun narasi yang kohesif dan sesuai dengan brand.

Cerita di Balik Brand

- Ceritakan perjalanan dan alasan kamu membuat konten.
- Jadikan cerita pribadi sebagai bagian dari brand untuk menambah kedekatan dengan audiens.

Teknik Pemasaran Lanjutan untuk Brand Kreator

Content Marketing yang Terstruktur

- Buat kalender konten yang terencana untuk berbagai platform.
- Variasikan jenis konten: edukasi, hiburan, inspirasi, promosi.

Email Marketing

- Bangun daftar email dari audiens yang tertarik.

- Kirim newsletter dengan konten eksklusif dan update proyek terbaru.

Influencer Marketing dan Kolaborasi

- Cari kreator lain dengan audiens serupa untuk kolaborasi.
- Manfaatkan influencer untuk memperluas jangkauan.

Paid Advertising yang Efektif

- Gunakan iklan berbayar di Facebook, Instagram, dan Google Ads dengan targeting tepat.
- Uji coba iklan dengan budget kecil sebelum meningkatkan.

SEO dan SEM untuk Website dan Konten

- Optimasi website dan video dengan kata kunci yang relevan.
- Gunakan Google Ads untuk menjangkau audiens baru.

Memanfaatkan Platform Digital untuk Branding

Website Pribadi

- Buat website profesional sebagai pusat informasi dan portofolio.
- Sertakan blog untuk edukasi dan cerita di balik konten.

Media Sosial

- Pilih platform yang sesuai dengan target audiens.

- Gunakan fitur-fitur seperti Stories, Reels, dan Live untuk engagement.

YouTube sebagai Platform Utama

- Buat channel yang fokus dan tematik.
- Gunakan thumbnail dan judul yang menarik dan sesuai brand.

Strategi Membangun Audiens dan Komunitas yang Loyal

Engagement Aktif dengan Audiens

- Balas komentar dan pesan dengan cepat.
- Adakan sesi tanya jawab dan live streaming.

Membuat Program Loyalitas dan Reward

- Berikan penghargaan bagi audiens setia seperti konten eksklusif atau merchandise.
- Buat challenge dan kompetisi untuk meningkatkan partisipasi.

Mengelola Komunitas Online

- Buat grup atau forum untuk audiens berdiskusi dan berbagi.
- Moderasi komunitas agar tetap positif dan supportive.

Mengukur dan Menganalisis Kinerja Branding dan Pemasaran

Menggunakan Analytics Tools

- Gunakan Google Analytics untuk website.
- Pantau insights di media sosial dan platform video.

Key Performance Indicators (KPI)

- Tentukan KPI seperti jumlah followers, engagement rate, konversi.
- Evaluasi secara rutin dan buat strategi perbaikan.

Menganalisis Kompetitor

- Pelajari strategi branding dan pemasaran kompetitor.
- Adaptasi dan inovasi sesuai tren dan kebutuhan audiens.

Menghadapi Tantangan dan Mengelola Krisis Brand

Tantangan Umum dalam Branding Kreator

- Inkonsistensi konten dan pesan.
- Kritik dan komentar negatif.

Strategi Mengelola Krisis

- Respon cepat dan profesional terhadap kritik.
- Transparansi dan komunikasi terbuka dengan audiens.

Studi Kasus: Branding dan Pemasaran

Kreator Video Visual Cerita

- Perjalanan membangun brand "Robot Kesepian" sebagai contoh nyata.
  - Strategi pemasaran lanjutan yang diterapkan.
  - Hasil dan pembelajaran.

Tips Praktis Membangun Brand Kreator

- Mulai dengan nilai dan visi yang jelas.
  - Konsisten dalam kualitas dan frekuensi konten.
  - Jadilah autentik dan jujur.
  - Selalu belajar dan adaptasi dengan tren terbaru.

Kesimpulan

Teknik pemasaran lanjutan dan strategi branding yang kuat adalah kunci sukses jangka panjang bagi kreator video visual cerita. Dengan membangun brand yang otentik, memanfaatkan berbagai platform digital secara maksimal, dan berinteraksi secara aktif dengan audiens, kamu dapat memperluas jangkauan dan membangun komunitas yang loyal.

Bab 18: Teknik Storytelling Emosional dan Psikologi Audiens untuk Memperdalam Keterhubungan antara Karya dan Penonton

Pendahuluan

Sebuah karya video visual cerita yang kuat tidak hanya bercerita secara kronologis, tetapi juga mampu menyentuh emosi penontonnya. Teknik storytelling emosional dan pemahaman psikologi audiens sangat penting agar cerita yang kamu buat bisa menembus hati dan pikiran mereka, menciptakan keterikatan yang dalam dan meninggalkan kesan yang tahan lama. Di bab ini, kita akan mengupas cara mengembangkan cerita yang menggugah emosi serta memahami psikologi audiens agar video kamu lebih berdaya tarik.

Memahami Storytelling Emosional

Apa Itu Storytelling Emosional?

- Storytelling emosional adalah teknik menyampaikan cerita dengan fokus pada perasaan dan pengalaman emosional karakter maupun penonton.
- Tujuannya membangun empati dan keterlibatan yang intens.

Mengapa Emosi Penting dalam Storytelling?

- Emosi membantu memori jangka panjang dan membuat cerita mudah diingat.
- Konten emosional lebih sering dibagikan dan mendapat engagement tinggi.
- Emosi dapat menggerakkan audiens untuk mengambil tindakan tertentu.

Komponen Utama Storytelling Emosional

Karakter yang Relatable

- Karakter harus memiliki sifat dan konflik yang bisa dipahami audiens.
- Penonton cenderung terhubung dengan karakter yang menunjukkan kelemahan dan pertumbuhan.

Konflik yang Bermakna

- Konflik adalah inti cerita yang menimbulkan ketegangan dan emosi.
- Konflik harus relevan dan menyentuh aspek kemanusiaan seperti cinta, kehilangan, ketakutan, atau harapan.

Alur yang Dinamis dan Mengalir

- Alur cerita harus membangun ketegangan secara gradual dan puncak emosional.
- Gunakan klimaks yang menggugah dan resolusi yang memuaskan.

Visual dan Audio Pendukung Emosi

- Pilih visual yang mampu menyampaikan mood dan nuansa cerita.
- Gunakan musik dan efek suara untuk menambah kedalaman emosional.

Psikologi Audiens dalam Storytelling

Mengenal Audiensmu

- Kenali demografi, budaya, dan psikografis audiens.
- Pahami nilai, kebutuhan, dan aspirasi mereka.

Teori Psikologi yang Relevan

- **Teori Empati:** Penonton ingin merasakan perasaan yang dialami karakter.
- **Teori Keterlibatan (Engagement):** Audiens akan lebih terlibat jika cerita menyentuh kebutuhan emosional mereka.
- **Teori Narasi:** Manusia cenderung memahami dan mengingat informasi dalam bentuk cerita.

Memanfaatkan Psikologi untuk Membentuk Cerita

- Gunakan teknik suspense dan kejutan untuk menjaga perhatian.
- Sisipkan humor dan momen ringan agar audiens tetap nyaman.
- Tampilkan perjalanan transformasi karakter agar audiens merasa ikut berkembang.

Teknik Praktis Membangun Storytelling Emosional

Memulai dengan Emosi Utama

● Tentukan emosi inti yang ingin kamu bangun dalam cerita (misal: haru, takut, bahagia).

● Fokuskan pengembangan karakter dan konflik pada emosi ini.

Gunakan Detail Kecil untuk Memperkuat Emosi

● Perhatikan ekspresi wajah, gerakan tubuh, dan elemen kecil lain dalam visual.

● Detail kecil dapat membuat emosi lebih autentik dan menyentuh.

Sisipkan Dialog yang Menggugah

● Dialog harus natural dan sarat makna emosional.

● Hindari kata-kata klise dan berlebihan.

Teknik "Show, Don't Tell"

● Tampilkan emosi melalui aksi dan visual, bukan hanya melalui narasi.

● Misalnya, tunjukkan seorang karakter yang menangis dengan perlahan menundukkan kepala daripada hanya berkata "Aku sedih".

Mengaplikasikan Storytelling Emosional dalam Video Visual Cerita di Canva

Memilih Template dan Elemen Visual yang Mendukung

- Pilih template dengan warna dan layout yang bisa mengekspresikan emosi cerita.
- Gunakan ilustrasi dan animasi yang sesuai mood.

Integrasi Audio untuk Memperkuat Emosi

- Tambahkan musik latar yang mendukung suasana hati.
- Gunakan voice-over dengan intonasi yang sesuai.

Timing dan Transisi

- Atur timing animasi dan transisi untuk memperkuat ketegangan emosional.
- Gunakan jeda (pause) untuk memberi ruang pada audiens merasakan emosi.

Studi Kasus: Storytelling Emosional dalam Video "Robot Kesepian"

- Bagaimana cerita robot kesepian dirancang untuk membangkitkan empati.
- Penggunaan visual, audio, dan narasi untuk menciptakan suasana haru.
- Respons audiens dan pembelajaran dari feedback.

Mengukur Efektivitas Storytelling

Emosional

Metrik Engagement

- Watch time, komentar, share, dan like adalah indikator keterhubungan emosional.
- Analisa feedback audiens untuk memahami apa yang menyentuh hati mereka.

Survei dan Polling

- Gunakan survei untuk mengetahui perasaan audiens setelah menonton.
- Polling untuk mengetahui bagian mana yang paling berkesan.

Tantangan dalam Storytelling Emosional dan Cara Mengatasinya

Risiko Terlalu Berlebihan

- Hindari emosi yang terkesan dibuat-buat atau manipulatif.
- Jadikan emosi terasa natural dan autentik.

Kesulitan Membangun Koneksi dengan Audiens Berbeda

- Sesuaikan cerita dengan segmentasi audiens yang berbeda.
- Buat versi cerita yang lebih universal jika targetnya luas.

Tips Tambahan untuk Meningkatkan Storytelling Emosional

- Selalu gali pengalaman pribadi untuk menambah kedalaman cerita.
- Berlatih membaca reaksi audiens dan menyesuaikan cerita secara dinamis.
- Jangan takut menunjukkan kerentanan dalam cerita.

Kesimpulan

Teknik storytelling emosional dan pemahaman psikologi audiens adalah alat yang sangat kuat untuk membuat video visual cerita kamu tidak hanya ditonton, tetapi juga dirasakan dan diingat oleh penonton. Dengan membangun karakter yang relatable, konflik yang bermakna, dan visual serta audio yang mendukung, kamu dapat menciptakan karya yang menyentuh hati dan membangun keterikatan emosional yang kuat.

Bab 19: Teknik Produksi Video Lanjutan: Penggunaan Kamera, Pencahayaan, dan Suara untuk Meningkatkan Kualitas Video Visual Cerita

Pendahuluan

Setelah menguasai storytelling dan editing, langkah selanjutnya dalam menghasilkan video visual cerita yang profesional adalah menguasai teknik produksi video lanjutan. Kualitas gambar, pencahayaan yang tepat, serta suara yang jernih dan mendukung suasana cerita sangat menentukan kesan akhir yang diterima penonton. Bab ini membahas aspek teknis penting dalam produksi video, yang bisa diaplikasikan untuk video live-action maupun kombinasi animasi dan footage nyata, sehingga karya kamu semakin berkelas dan berdaya tarik.

Dasar-Dasar Teknik Kamera untuk Video Visual Cerita

Memahami Fungsi Kamera dalam Cerita

- Kamera bukan hanya alat rekam, tetapi medium yang menyampaikan sudut pandang dan emosi.
- Pilih teknik pengambilan gambar yang mendukung narasi, misal close-up untuk ekspresi, wide shot untuk setting.

Jenis Kamera yang Umum Digunakan

- **DSLR dan Mirrorless:** Fleksibel dan hasil gambar berkualitas tinggi.
- **Kamera Smartphone:** Dengan teknologi yang semakin baik, bisa jadi pilihan praktis dan ekonomis.
- **Kamera Video Profesional:** Untuk produksi dengan standar tinggi dan fitur lengkap.

Setting Kamera yang Perlu Diketahui

- Resolusi (misal 1080p, 4K) sesuai kebutuhan distribusi.
- Frame rate (24fps untuk nuansa sinematik, 30fps untuk video biasa).
- ISO, shutter speed, dan aperture untuk mengontrol cahaya dan fokus.

Teknik Pengambilan Gambar (Shooting Techniques)

Komposisi Frame

- Aturan sepertiga (rule of thirds) untuk menempatkan objek penting.
- Gunakan leading lines, framing, dan depth untuk menambah estetika.

Gerakan Kamera

- Static shot untuk adegan tenang dan fokus.
- Panning dan tracking untuk mengikuti aksi dan menciptakan dinamika.

- Dolly dan crane shot untuk efek sinematik.

Fokus dan Depth of Field

- Fokus pada subjek utama agar perhatian penonton tertuju.
- Depth of field sempit (background blur) untuk menonjolkan karakter.

Pencahayaan untuk Video Visual Cerita

Prinsip Dasar Pencahayaan

- Pencahayaan yang baik memperjelas objek dan menciptakan mood.
- Pahami tiga titik cahaya: key light, fill light, dan back light.

Jenis Lampu dan Perlengkapan Pencahayaan

- Lampu LED, softbox, ring light, dan reflektor untuk berbagai kebutuhan.
- Pilih sumber cahaya yang sesuai dengan budget dan ruang.

Teknik Pencahayaan

- High-key lighting untuk suasana cerah dan ceria.
- Low-key lighting untuk suasana dramatis dan misterius.
- Natural lighting dengan memanfaatkan cahaya matahari.

Mengatasi Tantangan Pencahayaan

- Hindari bayangan keras yang mengganggu.
- Gunakan diffuser dan reflector untuk mengatur cahaya.

Teknik Pengambilan dan Pengolahan Suara

Pentingnya Kualitas Audio

- Suara yang jernih meningkatkan imersi dan profesionalitas video.
- Audio buruk dapat mengurangi minat penonton.

Peralatan Audio

- Mikrofon lavalier untuk suara narasi dan dialog.
- Mikrofon shotgun untuk menangkap suara dari jarak jauh.
- Audio recorder eksternal untuk kualitas lebih baik.

Teknik Pengambilan Suara

- Rekam di tempat yang minim kebisingan.
- Gunakan windscreen untuk mengurangi suara angin.

Editing Audio

- Gunakan software editing untuk menghilangkan noise dan menyeimbangkan suara.
- Tambahkan musik latar dan efek suara yang mendukung cerita.

Integrasi Produksi Live-Action dengan Visual Animasi

Memadukan Footage dan Animasi

- Gunakan greenscreen untuk menggabungkan karakter animasi dengan video nyata.
- Sinkronisasi warna dan pencahayaan agar perpaduan alami.

Teknik Kompositing

- Software seperti Adobe After Effects untuk efek visual dan komposit.

Praktik Terbaik Produksi Video Visual Cerita

Perencanaan dan Pre-Production

- Rencanakan storyboard dan shot list secara detail.
- Persiapkan perlengkapan dan lokasi.

Eksekusi di Lokasi

- Pastikan semua teknis siap sebelum shooting.
- Pantau kualitas gambar dan audio secara real-time.

Post-Production

- Editing dan color grading untuk memperkuat visual.
- Mixing audio dan penambahan efek.

Studi Kasus Produksi Video "Robot Kesepian" Lanjutan

- Bagaimana penggunaan kamera, pencahayaan, dan audio memperkuat cerita.
- Tantangan teknis dan solusi selama produksi.
- Feedback dan evaluasi hasil akhir.

Tips dan Trik untuk Kreator dengan Budget Terbatas

- Manfaatkan kamera smartphone dengan teknik yang benar.
- Gunakan pencahayaan alami dan alat sederhana seperti kain putih untuk diffuser.
- Rekam suara dengan mikrofon terjangkau dan edit secara digital.

Kesalahan Umum dalam Produksi Video dan Cara Menghindarinya

- Fokus yang kurang tepat dan gambar buram.
- Pencahayaan yang tidak merata atau terlalu terang/gelap.
- Audio yang berisik dan tidak jelas.
- Kurangnya persiapan dan improvisasi berlebihan.

Sumber Belajar dan Alat Produksi Rekomendasi

- Channel YouTube tutorial teknis kamera dan lighting.
- Website dan forum komunitas kreator.

- Daftar perlengkapan produksi sesuai kebutuhan dan budget.

Kesimpulan

Teknik produksi video lanjutan yang mencakup penguasaan kamera, pencahayaan, dan suara merupakan pondasi utama untuk menghasilkan video visual cerita berkualitas tinggi. Dengan perencanaan matang dan pemahaman teknis yang tepat, bahkan kreator dengan peralatan terbatas dapat membuat karya yang profesional dan mengesankan.

Bab 20: Teknik Distribusi dan Monetisasi Video Visual Cerita untuk Mencapai Audiens Luas dan Mendulang Penghasilan Optimal

Pendahuluan

Setelah membuat video visual cerita yang berkualitas, langkah selanjutnya adalah memastikan karya tersebut dapat dilihat oleh audiens yang luas dan dapat memberikan penghasilan. Distribusi dan monetisasi adalah dua aspek penting yang harus dikuasai agar kamu tidak hanya menjadi kreator yang produktif, tetapi juga berkelanjutan secara finansial. Bab ini akan membahas berbagai strategi distribusi, platform yang tepat, serta teknik monetisasi yang efektif untuk video visual cerita.

Memahami Distribusi Video Visual Cerita

Apa Itu Distribusi Video?

- Proses menyebarkan konten video ke berbagai platform agar bisa diakses oleh audiens.
    - Meliputi publikasi, promosi, dan penempatan video.

Pentingnya Distribusi yang Tepat

- Meningkatkan visibilitas dan jangkauan.
    - Membantu membangun komunitas audiens.
    - Memaksimalkan potensi monetisasi.

Platform Distribusi Video Populer

YouTube

- Platform terbesar dengan miliaran pengguna.
- Sistem monetisasi melalui iklan, membership, dan Super Chat.
- Fitur analytics untuk memantau performa.

TikTok dan Instagram Reels

- Format video pendek yang sedang tren.
- Potensi viral tinggi dengan algoritma rekomendasi.
- Monetisasi melalui brand partnership dan live gifts.

Vimeo

- Platform dengan kualitas video tinggi dan opsi monetisasi langsung.
- Cocok untuk karya profesional dan independen.

Platform Streaming dan OTT Lainnya

- Netflix, Amazon Prime, dan platform niche.
- Biasanya memerlukan lisensi dan kualitas produksi tinggi.

Website dan Blog Pribadi

- Kontrol penuh atas konten dan monetisasi.
- Bisa digabung dengan email marketing.

Strategi Distribusi Efektif

Penentuan Target Audiens

- Kenali demografi dan preferensi audiens.
  - Sesuaikan platform dan format konten.

Penjadwalan dan Konsistensi Upload

- Buat jadwal rutin untuk membangun ekspektasi audiens.
  - Gunakan tools penjadwalan.

Optimasi SEO Video

- Gunakan judul, deskripsi, dan tag yang tepat.
  - Tambahkan transkrip dan subtitle.

Promosi di Media Sosial

- Bagikan cuplikan dan teaser.
  - Gunakan hashtag relevan dan kolaborasi dengan kreator lain.

Email Marketing dan Newsletter

- Kirim update konten dan konten eksklusif untuk subscriber.
  - Bangun loyalitas audiens.

Teknik Monetisasi Video Visual Cerita

Monetisasi Melalui Iklan

- Bergabung dengan program monetisasi platform (YouTube Partner Program, TikTok Creator Fund).
    - Pastikan konten sesuai kebijakan iklan.

Penjualan Langsung dan Video On Demand (VOD)

- Jual akses ke video secara langsung di Vimeo On Demand, Amazon Video Direct, dan website pribadi.
    - Bisa berbentuk film pendek, serial, atau paket edukasi.

Membership dan Patreon

- Tawarkan konten eksklusif untuk member berbayar.
    - Bangun komunitas yang mendukung secara finansial.

Sponsorship dan Endorsement

- Kerja sama dengan brand untuk promosi produk dalam video.
    - Buat konten branded yang tetap otentik.

Merchandising

- Jual produk terkait karya (kaos, poster, merchandise digital).
    - Gunakan platform seperti Teespring dan Printful.

Mengukur dan Meningkatkan Pendapatan

Analisis Data Monetisasi

- Pantau pendapatan dari setiap sumber.
    - Identifikasi konten paling menguntungkan.

A/B Testing Konten dan Strategi Monetisasi

- Uji berbagai format dan jenis konten.
    - Sesuaikan strategi berdasarkan hasil testing.

Diversifikasi Pendapatan

- Jangan bergantung pada satu sumber saja.
    - Kombinasikan berbagai teknik monetisasi.

Studi Kasus: Monetisasi Video "Robot Kesepian"

- Pendapatan dari YouTube ads, sponsorship, dan merchandise.
    - Strategi distribusi yang meningkatkan jangkauan.
    - Pelajaran yang didapat untuk pengembangan karya berikutnya.

Tantangan dalam Distribusi dan Monetisasi

Persaingan yang Ketat

- Banyak kreator dengan konten serupa.
    - Pentingnya inovasi dan diferensiasi.

Kebijakan dan Perubahan Algoritma Platform

- Sering berubah dan mempengaruhi pendapatan.
  - Penting memantau update dan beradaptasi.

Pembajakan dan Konten Tidak Sah

- Risiko kehilangan pendapatan.
  - Gunakan watermark dan teknologi proteksi.

Tips Praktis untuk Sukses Distribusi dan Monetisasi

- Bangun hubungan baik dengan audiens dan brand.
  - Fokus pada kualitas konten.
  - Selalu update tren dan teknik pemasaran digital.
  - Gunakan feedback audiens untuk perbaikan.

Kesimpulan

Distribusi dan monetisasi adalah dua pilar yang tidak bisa dipisahkan dalam kesuksesan video visual cerita. Dengan strategi yang tepat dan penggunaan platform yang sesuai, kamu bisa memperluas jangkauan audiens sekaligus menciptakan aliran pendapatan yang berkelanjutan. Selalu adaptasi dan kembangkan metode agar karya kamu terus relevan dan menguntungkan.

Bab 21: Teknik Storytelling Lanjutan untuk Genre Drama, Komedi, dan Thriller: Menguasai Nuansa dan Struktur Cerita Khusus

Pendahuluan

Setiap genre cerita memiliki karakteristik dan aturan yang berbeda dalam penyampaian cerita, emosi, serta struktur narasi. Memahami teknik storytelling lanjutan khusus untuk genre drama, komedi, dan thriller akan membantu kamu menciptakan karya video visual cerita yang kuat dan memikat sesuai genre yang diinginkan.

Storytelling untuk Genre Drama

Definisi dan Ciri-Ciri Drama

- Drama fokus pada konflik emosional dan perkembangan karakter.
- Tema serius dan menyentuh kehidupan nyata.
- Alur yang mendalam dan kadang lambat membangun ketegangan.

Struktur Dasar Cerita Drama

- Pengantar: Perkenalan karakter dan latar belakang.
- Konflik: Masalah emosional atau situasi sulit.
- Klimaks: Titik puncak emosi dan keputusan penting.
- Resolusi: Penyelesaian yang biasanya reflektif dan mengena.

Teknik Khusus dalam Drama

- Pengembangan karakter dengan latar belakang psikologis yang kompleks.
- Dialog yang intens dan penuh makna.
- Penggunaan simbolisme visual dan metafora.
- Musik latar yang mendukung mood.

Contoh Penerapan dalam Video Visual Cerita

- Adegan slow motion saat konflik puncak.
- Close-up untuk menampilkan ekspresi emosi.
- Monolog atau voice-over untuk mengungkap pikiran terdalam karakter.

Storytelling untuk Genre Komedi

Definisi dan Ciri-Ciri Komedi

- Fokus pada humor dan hiburan.
- Konflik ringan atau situasi kocak.
- Tempo cepat dan dialog yang tajam.

Struktur Dasar Cerita Komedi

- Setup: Memperkenalkan karakter dan situasi.
- Konfrontasi: Munculnya konflik yang lucu atau absurd.
- Klimaks: Puncak kelucuan atau kejadian tak terduga.
- Resolusi: Penyelesaian yang mengundang tawa atau kelegaan.

Teknik Khusus dalam Komedi

- Timing humor yang tepat.
- Penggunaan punchline dan callback.
- Visual slapstick dan ekspresi wajah berlebihan.
- Dialog cepat dan sarkastik.

Contoh Penerapan dalam Video Visual Cerita

- Cut cepat untuk efek komedi.
- Overacting karakter secara sadar.
- Efek suara lucu yang mendukung aksi.

Storytelling untuk Genre Thriller

Definisi dan Ciri-Ciri Thriller

- Fokus pada ketegangan, misteri, dan kejutan.
- Tempo cepat dengan alur penuh suspense.
- Konflik yang menimbulkan rasa takut atau cemas.

Struktur Dasar Cerita Thriller

- Eksposisi: Perkenalan situasi yang normal tapi ada tanda bahaya.
- Meningkatnya Ketegangan: Muncul ancaman yang mengintai.
- Klimaks: Puncak ketegangan yang menentukan nasib karakter.
- Resolusi: Penyelesaian yang sering mengejutkan atau terbuka.

Teknik Khusus dalam Thriller

- Cliffhanger dan plot twist.
- Penggunaan pencahayaan dan suara untuk menciptakan suasana mencekam.
- Perspektif kamera yang menambah ketegangan.
- Narasi yang membangun ketidakpastian.

Contoh Penerapan dalam Video Visual Cerita

- Shot gelap dan bayangan misterius.
- Musik dengan tempo naik turun yang menegangkan.
- Cut mendadak untuk mengejutkan penonton.

Menggabungkan Teknik Storytelling Genre dengan Emosi Audiens

Drama dan Emosi Mendalam

- Gunakan elemen emosional yang kuat untuk mengikat penonton.
- Fokus pada hubungan antar karakter.

Komedi dan Kesenangan

- Bangun emosi positif dan rasa ringan untuk membuat audiens rileks.
- Gunakan interaksi sosial dan kejadian sehari-hari sebagai bahan humor.

Thriller dan Ketakutan

- Manfaatkan ketidakpastian dan kejutan untuk memicu adrenalin.
  - Atur pacing cerita untuk menjaga ketegangan.

Contoh Sinopsis dan Breakdown Video Visual Cerita per Genre

Drama: "Hujan di Malam Sepi"

- Seorang pria yang kehilangan keluarganya berjuang menghadapi kesepian dan harapan.
  - Fokus pada perjalanan batin dan rekonsiliasi diri.

Komedi: "Kesalahan Parkir"

- Kisah lucu seorang pria yang selalu salah parkir dan mengalami kejadian konyol.
  - Adegan cepat dan dialog jenaka.

Thriller: "Bayang di Jendela"

- Seorang wanita merasa diikuti di apartemennya dan mencoba mengungkap misteri itu.
  - Penuh dengan suspense dan twist.

Tips dan Trik Menguasai Storytelling Genre

- Pelajari film dan video sukses dalam genre yang diinginkan.
  - Praktekkan menulis dan membuat storyboard sesuai genre.

- Gunakan feedback untuk memperbaiki unsur genre dan emosi.
- Jangan takut berinovasi dengan menggabungkan genre.

Kesalahan Umum dalam Membuat Video Visual Cerita Genre Tertentu

- Drama yang terlalu melodramatis tanpa dasar kuat.
- Komedi yang terlalu berlebihan hingga menjengkelkan.
- Thriller yang terlalu rumit sehingga membingungkan.

Latihan dan Eksperimen

- Buat video pendek di tiap genre untuk memahami dinamika cerita.
- Eksplorasi teknik editing dan efek visual yang sesuai.
- Ajak teman atau komunitas untuk memberi kritik konstruktif.

Kesimpulan

Menguasai teknik storytelling lanjutan untuk genre drama, komedi, dan thriller membuka peluang kreator untuk lebih fleksibel dan mampu menghasilkan berbagai jenis video visual cerita yang menarik dan berkesan.

Bab 22: Membuat Animasi dan Efek Visual Sederhana untuk Memperkaya Video Visual Cerita dengan Canva dan Aplikasi Pendukung

Pendahuluan

Animasi dan efek visual adalah elemen penting yang bisa membuat video visual cerita kamu jadi lebih hidup, menarik, dan ekspresif. Dengan kemajuan teknologi, kini pembuatan animasi dan efek visual tidak lagi eksklusif bagi profesional dengan software mahal dan rumit. Tools seperti Canva dan beberapa aplikasi pendukung menawarkan kemudahan membuat animasi dan efek visual sederhana yang cocok untuk pemula hingga tingkat menengah. Dalam bab ini, kita akan membahas cara membuat animasi dan efek visual menggunakan Canva serta tips aplikasi lain untuk menambah kualitas produksi video kamu.

Memahami Peran Animasi dan Efek Visual dalam Video Visual Cerita

Fungsi Animasi dalam Video

- Menghidupkan elemen cerita seperti karakter, latar, dan objek.
- Membantu menjelaskan ide abstrak atau narasi yang sulit ditampilkan dengan footage nyata.
- Menambah daya tarik visual dan menjaga perhatian penonton.

Fungsi Efek Visual (Visual Effects/VFX)

- Menambahkan elemen khusus seperti transisi, glow, bayangan, dan filter.
- Menciptakan suasana atau mood tertentu.
- Membantu storytelling dengan mendukung tone dan genre cerita.

Mengenal Fitur Animasi di Canva

Jenis Animasi yang Tersedia

- **Animasi Elemen:** Gerakan pada objek seperti fade, pan, bounce, slide, dan rise.
- **Animasi Teks:** Efek masuk dan keluar teks, animasi huruf, dan highlight.
- **Animasi Halaman:** Transisi antar slide yang halus dan menarik.

Cara Mengakses Fitur Animasi di Canva

- Pilih objek atau teks yang ingin dianimasikan.
- Klik menu "Animate" di toolbar atas.
- Pilih jenis animasi sesuai kebutuhan.
- Sesuaikan durasi dan kecepatan animasi.

Membuat Video Animasi Sederhana

- Gunakan slide sebagai scene.
- Atur elemen dan teks di setiap slide.
- Terapkan animasi pada setiap elemen untuk transisi hidup.
- Ekspor sebagai video (.mp4).

Teknik Membuat Animasi Visual Cerita dengan Canva

Membangun Storyboard Animasi

- Rencanakan adegan dan alur cerita dalam slide.
  - Buat sketsa kasar urutan animasi dan transisi.

Menggunakan Karakter dan Ilustrasi Animasi

- Pilih elemen karakter dari Canva.
  - Gunakan animasi bounce atau pan untuk gerakan.
  - Kombinasikan elemen untuk membuat adegan interaktif.

Efek Teks Dinamis

- Gunakan animasi teks untuk narasi.
  - Atur timing sesuai dengan suara narasi.

Transisi dan Perpindahan Scene

- Gunakan efek transisi halus antar slide.

• Hindari transisi yang terlalu cepat agar penonton bisa mengikuti cerita.

Aplikasi Pendukung untuk Animasi dan Efek Visual Lebih Lanjut

Kapwing

- Editor video online dengan fitur animasi teks dan efek.
  - Cocok untuk menambah overlay dan subtitle animasi.

InShot

- Aplikasi mobile dengan efek video dan animasi sederhana.
- Fitur editing cepat untuk video pendek.

Alight Motion

- Animasi dan motion graphic untuk smartphone.
- Mendukung keyframe animation dan efek visual.

Blender (Untuk Tingkat Lanjut)

- Software open-source untuk animasi 3D dan efek visual.
- Memerlukan kurva belajar lebih tinggi tapi hasil profesional.

Praktik Terbaik Membuat Animasi dan Efek Visual

Konsistensi Gaya Visual

- Gunakan palet warna dan font yang sama.
- Hindari animasi berlebihan yang mengganggu fokus.

Sinkronisasi dengan Audio

- Cocokkan animasi dengan irama musik atau suara narasi.
- Gunakan animasi untuk menonjolkan poin penting.

Penggunaan Layer dan Timing

- Susun elemen animasi dalam layer untuk pengaturan mudah.
- Atur timing agar animasi muncul dan hilang secara natural.

Studi Kasus: Animasi pada Video "Robot Kesepian"

- Penggunaan animasi bounce pada karakter robot.
  - Efek glow untuk menampilkan suasana kesepian.
  - Transisi halus antar adegan menggunakan fitur Canva.

Tantangan dan Cara Mengatasinya

Keterbatasan Fitur Animasi Canva

- Solusi: Kombinasikan dengan aplikasi lain untuk efek khusus.

Animasi Terlalu Kompleks dan Membingungkan

- Solusi: Fokus pada kesederhanaan dan tujuan cerita.

Sinkronisasi Audio dan Animasi Kurang Tepat

- Solusi: Gunakan fitur preview dan editing ulang.

Tips Mengembangkan Skill Animasi dan Efck Visual

- Rajin menonton tutorial online.
  - Eksperimen dengan berbagai tools dan teknik.
  - Ikut komunitas kreator untuk berbagi dan belajar.
  - Terus update tren animasi dan desain visual.

Kesimpulan

Menggunakan Canva dan aplikasi pendukung lainnya memungkinkan kreator untuk membuat animasi dan efek visual sederhana dengan mudah tanpa perlu keahlian teknis tinggi.

Bab 23: Teknik Pengeditan Suara Lanjutan untuk Mendukung Video Visual Cerita agar Lebih Hidup dan Profesional

Pendahuluan

Dalam pembuatan video visual cerita, audio merupakan komponen yang sangat penting, sama pentingnya dengan gambar dan animasi. Teknik pengeditan suara yang baik bisa meningkatkan kualitas storytelling, memperkuat suasana, dan membuat penonton merasa lebih terlibat. Bab ini akan membahas teknik pengeditan suara lanjutan, termasuk cara mengolah suara narasi, musik latar, efek suara, dan mixing audio yang bisa kamu terapkan, bahkan dengan tools sederhana sekalipun.

Memahami Peran Audio dalam Video Visual Cerita

Audio sebagai Penguat Emosi

- Musik dan suara latar dapat membangkitkan perasaan tertentu seperti ketegangan, kesedihan, atau kegembiraan.
- Efek suara memberikan realisme dan konteks pada visual.

Audio sebagai Penuntun Narasi

- Suara narasi membantu mengarahkan cerita dan memberikan informasi penting.
- Pemilihan tone dan intonasi narator memengaruhi persepsi penonton.

Komponen Audio dalam Video Visual Cerita

Narasi (Voice-over)

- Kunci dalam penyampaian cerita.
- Harus jelas, natural, dan sesuai mood.

Musik Latar

- Menentukan suasana hati.
- Pilih musik yang tidak mengalahkan narasi.

Efek Suara (Foley)

- Suara langkah kaki, pintu, angin, dan lain-lain untuk mendukung visual.

- Meningkatkan immersion penonton.

Teknik Pengambilan dan Pengolahan Suara

Peralatan Rekaman yang Disarankan

- Mikrofon kondensor USB atau lavalier untuk kualitas baik dengan harga terjangkau.
- Ruangan kedap suara atau penutup untuk mengurangi noise.

Teknik Rekaman Suara Narasi

- Jaga jarak mikrofon agar suara tidak pecah.
- Gunakan pop filter untuk mengurangi suara letupan.
- Lakukan beberapa take dan pilih yang terbaik.

Editing Dasar untuk Meningkatkan Kualitas Suara

- Noise reduction untuk menghilangkan suara latar.
- Equalizer untuk menyesuaikan frekuensi suara.
- Compression agar suara konsisten dan tidak terlalu keras/ lembut.

Software Pengeditan Audio yang Bisa Digunakan

Audacity (Gratis)

- Mudah digunakan untuk editing dasar dan lanjutan.

• Fitur noise removal, equalizer, compressor, dan multi-track editing.

Adobe Audition (Berbayar)

• Profesional dengan fitur lengkap.
• Cocok untuk mixing dan mastering.

GarageBand (Gratis untuk Mac)

• User friendly dan lengkap untuk pengeditan suara.

Aplikasi Mobile seperti WaveEditor atau Lexis Audio Editor

• Untuk editing suara sederhana di smartphone.

Teknik Mixing Audio untuk Video Visual Cerita

Menyeimbangkan Level Suara

• Pastikan narasi jelas terdengar di atas musik dan efek suara.
• Gunakan fade in dan fade out untuk transisi halus.

Panning dan Spatial Audio

• Tempatkan suara di kanan, kiri, atau tengah untuk kesan ruang.
• Membuat audio lebih hidup dan realistis.

Penggunaan Reverb dan Delay

• Memberikan kesan ruang dan kedalaman.

- Gunakan dengan hati-hati agar tidak berlebihan.

Teknik Mengatur Musik Latar yang Efektif

Memilih Musik yang Sesuai Genre dan Mood

- Drama: musik lembut dan emosional.
- Komedi: musik ceria dan ringan.
- Thriller: musik tegang dan misterius.

Mengatur Volume dan Timing Musik

- Turunkan volume saat ada narasi penting.
- Gunakan musik untuk menandai transisi atau klimaks cerita.

Lisensi Musik

- Gunakan musik bebas royalti atau yang kamu buat sendiri.
- Perhatikan hak cipta agar video bisa dipublikasikan dengan aman.

Efek Suara (Foley) untuk Mendukung Visual

Membuat Efek Suara Sendiri

- Gunakan objek sekitar untuk membuat suara yang sesuai (misal: gesekan kain, langkah kaki).
- Rekam dengan ponsel atau mikrofon.

Menyisipkan Efek Suara pada Momen Tepat

- Sinkronkan suara dengan aksi visual.
- Gunakan suara untuk menambah dramatisasi atau humor.

Sumber Efek Suara Gratis dan Berbayar

- Freesound.org, Zapsplat, dan library efek suara dari aplikasi editing.

Studi Kasus: Pengeditan Suara pada Video "Robot Kesepian"

- Narasi yang lembut dan penuh perasaan.
- Musik latar ambient untuk suasana sepi.
- Efek suara mekanik dan elektronik untuk karakter robot.
- Mixing agar semua elemen audio menyatu dengan harmonis.

Tips dan Kesalahan Umum dalam Pengeditan Audio

Tips

- Dengarkan audio di berbagai perangkat (headphone, speaker, HP).
- Jangan takut melakukan eksperimen dengan efek suara.
- Gunakan headphone saat mixing untuk detail suara.

Kesalahan Umum

- Volume musik terlalu keras sehingga narasi tidak terdengar.

- Efek suara yang terlalu banyak membuat bingung penonton.
- Tidak melakukan noise reduction menyebabkan suara jelek.

Latihan dan Eksperimen Pengeditan Audio

- Buatlah beberapa klip pendek dengan fokus pada editing suara.
- Coba berbagai jenis musik dan efek suara untuk mood berbeda.
- Minta feedback dari teman atau komunitas kreator.

Kesimpulan

Pengeditan suara lanjutan adalah kunci agar video visual cerita kamu terasa hidup dan profesional. Dengan teknik yang tepat dalam pengambilan, pengolahan, mixing, dan pemilihan audio, cerita yang kamu sampaikan akan lebih mengena dan memukau penonton.

Bab 24: Teknik Pemasaran dan Membangun Audiens untuk Video Visual Cerita:

Strategi Menarik dan Mempertahankan Penonton

Pendahuluan

Membuat video visual cerita yang berkualitas adalah langkah awal yang penting, tetapi tanpa pemasaran yang tepat dan strategi membangun audiens, karya kamu bisa jadi kurang dikenal dan kurang berdampak. Bab ini akan membahas cara efektif memasarkan video visual cerita dan membangun komunitas penonton yang loyal. Kita akan membahas mulai dari pemilihan platform, teknik promosi, penggunaan media sosial, kolaborasi, hingga tips mempertahankan audiens agar karya kamu terus berkembang secara profesional.

Memahami Pentingnya Pemasaran dan Audiens

Mengapa Pemasaran itu Penting?

- Menyebarkan karya ke lebih banyak orang.
    - Meningkatkan peluang monetisasi dan kerja sama.
    - Mendapatkan feedback untuk pengembangan karya.

Siapa Audiens Kamu?

- Definisikan target penonton berdasarkan demografi, minat, dan perilaku.

• Sesuaikan konten dan cara promosi dengan karakter audiens.

Memilih Platform yang Tepat untuk Video Visual Cerita

YouTube

• Platform terbesar untuk video panjang.

• Mendukung monetisasi melalui iklan dan channel membership.

• Tips optimasi: SEO video, thumbnail menarik, jadwal upload rutin.

TikTok dan Instagram Reels

• Ideal untuk video pendek dan cepat viral.

• Gunakan hashtag relevan dan tren terkini.

• Interaksi cepat melalui komentar dan duet.

Vimeo dan Platform Premium

• Cocok untuk video berkualitas tinggi dan konten berbayar.

• Target audiens yang spesifik dan profesional.

Blog dan Website Pribadi

• Memperkuat branding dan pengumpulan email audiens.

• Tempat portfolio karya lengkap dan artikel pendukung.

Strategi Membuat Konten yang Menarik untuk Pemasaran

Buat Konten dengan Nilai Tambah

- Edukasi, hiburan, atau inspirasi sesuai target audiens.
  - Kombinasi cerita yang memukau dan visual berkualitas.

Konsistensi dalam Produksi dan Upload

- Tetapkan jadwal upload rutin.
  - Gunakan seri video untuk menarik penonton kembali.

Gunakan Call to Action (CTA)

- Ajak penonton untuk like, share, komentar, dan subscribe.
  - Berikan alasan kuat mengapa mereka harus berinteraksi.

Memanfaatkan Media Sosial untuk Promosi

Optimasi Profil dan Konten Media Sosial

- Gunakan bio yang jelas dan tautan ke karya utama.
  - Posting teaser dan cuplikan video.

Interaksi Aktif dengan Pengikut

- Balas komentar dan pesan.
  - Gunakan polling dan Q&A untuk meningkatkan engagement.

Beriklan di Media Sosial

- Gunakan fitur iklan berbayar untuk menjangkau audiens lebih luas.
  - Target iklan berdasarkan lokasi, umur, minat.

Kolaborasi dan Networking

Manfaat Kolaborasi

- Meningkatkan eksposur melalui audiens partner.
  - Belajar dari kreator lain.

Cara Mencari Partner Kolaborasi

- Cari kreator dengan tema dan audiens serupa.
  - Ajukan proposal kolaborasi yang saling menguntungkan.

Contoh Bentuk Kolaborasi

- Video bersama, shoutout, atau live session.

Menggunakan Email Marketing untuk Membina Audiens

Mengumpulkan Email dari Penonton

- Berikan lead magnet seperti ebook, tutorial, atau konten eksklusif.

Mengirim Newsletter Berkala

- Update konten terbaru, behind the scene, dan tips menarik.

Personalisasi dan Segmentasi Email

- Kirim konten sesuai minat audiens untuk meningkatkan open rate.

Monetisasi Melalui Pemasaran dan Audiens

Produk Digital dan Merchandise

- Jual ebook, kursus, atau merchandise terkait video cerita.

Program Afiliasi dan Sponsorship

- Kerja sama dengan brand yang relevan.

Platform Crowdfunding dan Membership

- Patreon, Ko-fi, dan lainnya untuk dukungan finansial langsung.

Analisis dan Evaluasi Performa Pemasaran

Menggunakan Analytics Platform

- Pantau viewer, demografi, durasi tonton, dan engagement.

Mengukur Efektivitas Kampanye

- Bandingkan sebelum dan sesudah promosi.

Perbaiki Strategi Berdasarkan Data

- Fokus pada konten dan platform yang paling efektif.

Studi Kasus: Pemasaran Video "Robot Kesepian"

- Pemilihan platform YouTube dan TikTok.
- Kolaborasi dengan komunitas pecinta cerita fiksi dan teknologi.
- Penggunaan teaser di Instagram untuk menarik minat.
- Feedback dari audiens dijadikan bahan pengembangan cerita.

Tips Menghadapi Tantangan dalam Membangun Audiens

Ketidakkonsistenan dan Penurunan Motivasi

- Buat jadwal realistis.
- Ingat tujuan dan hasil jangka panjang.

Kritik Negatif dan Troll

- Ambil yang konstruktif.
- Jangan terpancing emosi.

Saturasi Konten di Internet

- Temukan niche unik dan buat karya orisinal.

Kesimpulan

Pemasaran dan membangun audiens adalah proses yang berkelanjutan dan membutuhkan strategi yang tepat. Dengan memahami target audiens, memilih platform yang sesuai, dan menerapkan teknik pemasaran efektif, video visual cerita kamu dapat dikenal luas, mendapatkan penonton setia, serta membuka peluang pengembangan karier dan monetisasi.

Bab 25: Membangun dan Mengelola Brand Personal sebagai Kreator Video Visual Cerita untuk Meningkatkan Kredibilitas dan Daya Tarik Profesional

Pendahuluan

Dalam dunia kreatif, khususnya sebagai kreator video visual cerita, membangun brand personal bukan hanya soal dikenal banyak orang, tetapi juga soal membangun kepercayaan, profesionalisme, dan nilai yang kamu tawarkan. Brand personal yang kuat akan memudahkan kamu untuk menarik audiens setia, klien potensial, dan peluang kerja sama yang lebih luas. Bab ini akan membahas langkah-langkah strategis membangun dan mengelola brand personal yang autentik, konsisten, dan berkesan.

Memahami Brand Personal dan Pentingnya bagi Kreator Video Visual

Cerita

Apa itu Brand Personal?

- Identitas unik dan citra yang kamu bangun sebagai kreator.
  - Gabungan dari nilai, kepribadian, visi, dan kualitas karya.

Kenapa Brand Personal Penting?

- Membedakan kamu dari kreator lain.
  - Menjadi alasan audiens dan klien memilih karya kamu.
  - Membangun reputasi jangka panjang.

Menemukan dan Mendefinisikan Brand Personal Kamu

Menemukan Nilai dan Keunikan Diri

- Apa yang membuat kamu berbeda? (gaya bercerita, teknik visual, topik cerita)
  - Nilai apa yang ingin kamu komunikasikan? (kreativitas, edukasi, hiburan)

Menentukan Target Audiens yang Tepat

- Siapa yang ingin kamu jangkau?
  - Apa kebutuhan dan minat mereka?

Membuat Pernyataan Brand Personal (Brand Statement)

- Kalimat singkat yang menggambarkan siapa kamu dan apa yang kamu tawarkan.

Membangun Identitas Visual Brand

Membuat Logo dan Palet Warna

- Logo sebagai simbol mudah dikenali.
  - Palet warna yang konsisten di semua platform.

Memilih Font dan Gaya Desain yang Mewakili Brand

- Gaya visual yang cocok dengan kepribadian dan jenis cerita yang dibuat.

Konsistensi Visual di Media Sosial dan Website

- Header, thumbnail video, dan layout konten yang seragam.

Membangun Suara dan Gaya Komunikasi Brand

Menentukan Tone dan Bahasa yang Digunakan

- Formal, santai, humoris, inspiratif, dsb.
  - Konsisten dalam semua bentuk komunikasi (caption, video, email).

Cara Membangun Hubungan dengan Audiens

- Interaksi yang tulus dan responsif.
  - Cerita personal untuk membangun kedekatan.

Mengoptimalkan Platform untuk Brand Personal

Profil Media Sosial yang Menarik dan Informatif

- Foto profil dan banner profesional.
  - Bio yang jelas dan mengundang.

Website dan Portofolio Online

- Tempat untuk menampilkan karya lengkap dan kontak profesional.
  - Blog untuk berbagi proses kreatif dan tips.

Konten yang Mendukung Brand

- Video, artikel, dan postingan yang selaras dengan nilai dan visi.

Mengelola Reputasi dan Feedback

Mendengarkan Kritik dan Saran

- Cara menerima feedback secara positif.
  - Memperbaiki kualitas berdasarkan masukan.

Menangani Kritik Negatif dan Troll

- Tetap profesional dan tidak terbawa emosi.
  - Menggunakan kritik sebagai pembelajaran.

Mempertahankan Reputasi yang Baik

- Konsistensi kualitas karya.

- Etika kerja dan komunikasi.

Strategi Meningkatkan Eksposur Brand Personal

Mengikuti dan Berpartisipasi dalam Komunitas Kreator

- Forum, grup media sosial, dan event offline.

Kolaborasi dengan Kreator dan Brand Lain

- Proyek bersama untuk saling memperluas jangkauan.

Membuat Konten yang Viral dan Berbagi Testimoni

- Konten yang mudah dibagikan dan memberikan nilai.

Monetisasi Brand Personal

Membangun Kepercayaan untuk Penawaran Produk atau Jasa

- Konsistensi dan kualitas membuat audiens percaya.

Membuka Jasa Pembuatan Video, Konsultasi, atau Workshop

- Memanfaatkan keahlian sebagai sumber penghasilan.

Mempromosikan Produk Digital dan Merchandise

- Produk yang sesuai dengan brand dan audiens.

Studi Kasus: Brand Personal "Robot Kesepian"

- Bagaimana karakteristik unik "Robot Kesepian" menjadi ciri khas.
- Penggunaan warna, suara, dan gaya narasi yang konsisten.
- Upaya membangun komunitas penggemar melalui interaksi di media sosial.

Tips dan Kesalahan Umum dalam Membangun Brand Personal

Tips

- Jadilah autentik dan jujur.
- Jangan takut bereksperimen dan berkembang.
- Konsistensi adalah kunci utama.

Kesalahan Umum

- Meniru tanpa adaptasi ke diri sendiri.
- Tidak merespons audiens.
- Tidak merawat kualitas karya.

Kesimpulan

Membangun dan mengelola brand personal adalah investasi jangka panjang yang sangat penting bagi kreator video visual cerita. Dengan brand personal yang kuat, kamu bisa lebih mudah dikenal, dipercaya, dan mendapatkan peluang yang lebih luas. Fokuslah pada keunikan, konsistensi, dan hubungan dengan audiens untuk membawa karier kreatif kamu ke level selanjutnya.

Bab 26: Manajemen Proyek Video Visual Cerita: Strategi Efektif dari Pra-Produksi hingga Pasca-Produksi

Pendahuluan

Mengelola proyek video visual cerita bukan hanya soal kreativitas, tetapi juga manajemen waktu, sumber daya, dan komunikasi yang baik. Tanpa manajemen proyek yang efektif, proses produksi bisa berantakan, deadline terlewat, dan hasil kurang optimal. Bab ini membahas langkah-langkah manajemen proyek yang bisa kamu terapkan, mulai dari tahap perencanaan, pengorganisasian, pelaksanaan, hingga evaluasi hasil, agar proses pembuatan video berjalan lancar dan sukses.

Memahami Siklus Hidup Proyek Video Visual Cerita

Tahap Pra-Produksi

- Ide dan konsep cerita
    - Penulisan naskah dan storyboard
    - Perencanaan teknis dan logistik

Tahap Produksi

- Pembuatan aset visual (animasi, ilustrasi, video)
    - Pengambilan suara dan musik
    - Pengeditan awal

Tahap Pasca-Produksi

- Penyuntingan akhir
  - Mixing audio dan visual
  - Rendering dan publikasi

Membuat Rencana Proyek yang Jelas dan Terukur

Menentukan Tujuan dan Output Proyek

- Apa yang ingin dicapai?
  - Apa hasil akhir yang diharapkan?

Membuat Timeline dan Deadline

- Membagi proyek dalam fase-fase dengan tenggat waktu.
  - Buat buffer waktu untuk hal tak terduga.

Menyusun Anggaran dan Sumber Daya

- Biaya software, hardware, dan sumber daya manusia.
  - Prioritaskan kebutuhan sesuai anggaran.

Pengorganisasian Tim dan Tugas

Membagi Peran dan Tanggung Jawab

- Penulis naskah, animator, editor, sound designer, dsb.
  - Jika solo creator, buat jadwal kerja terstruktur.

Komunikasi Efektif dalam Tim

- Gunakan tools seperti Trello, Asana, atau Google Drive.

- Rutin melakukan meeting atau update progres.

Dokumentasi dan Backup Data

- Simpan semua file proyek dengan baik.
- Gunakan cloud storage untuk mencegah kehilangan data.

Pengelolaan Pra-Produksi yang Matang

Pengembangan Naskah dan Storyboard

- Buat naskah yang jelas dan ringkas.
- Visualisasikan adegan lewat storyboard.

Pemilihan Software dan Tools Produksi

- Pilih tools yang sesuai kemampuan dan kebutuhan.
- Pastikan kompatibilitas antar software.

Perencanaan Teknis

- Resolusi video, format file, dan standar kualitas.
- Penentuan kebutuhan audio dan efek.

Strategi Efektif di Tahap Produksi

Pembuatan Konten Visual

- Kerjakan aset sesuai storyboard dan naskah.
- Periksa kualitas setiap tahap.

Rekaman Suara dan Musik

- Pastikan kualitas rekaman optimal.
    - Sesuaikan dengan mood cerita.

Kolaborasi dan Koordinasi

- Pastikan komunikasi berjalan lancar antar divisi.
    - Atasi masalah secepat mungkin.

Proses Pasca-Produksi yang Optimal

Editing Video dan Audio

- Gabungkan visual dan audio dengan presisi.
    - Gunakan transisi yang smooth dan profesional.

Review dan Revisi

- Tonton hasil draft bersama tim atau audiens uji coba.
    - Perbaiki sesuai masukan.

Finalisasi dan Rendering

- Pilih format dan resolusi sesuai platform tujuan.
    - Pastikan file siap untuk publikasi.

Manajemen Risiko dan Penyelesaian Masalah

Identifikasi Potensi Masalah

- Keterlambatan, kerusakan file, kesalahan teknis.

Strategi Mitigasi Risiko

- Backup rutin, rencana cadangan, dan komunikasi terbuka.

Penanganan Masalah Saat Proyek Berjalan

- Segera ambil tindakan dan koordinasi tim.

Tools dan Software Manajemen Proyek yang Direkomendasikan

- Trello: papan tugas visual yang mudah digunakan.
  - Asana: manajemen tugas dan timeline lengkap.
  - Notion: pengorganisasian dokumen dan catatan.
  - Google Workspace: kolaborasi dokumen real-time.

Studi Kasus: Manajemen Proyek Video "Robot Kesepian"

- Perencanaan yang matang dengan storyboard detail.
  - Koordinasi antara animator dan sound designer.
  - Jadwal produksi yang realistis dan evaluasi berkala.
  - Penggunaan Trello untuk tracking progres.

Tips Mengelola Proyek Secara Efektif

- Mulai dengan rencana yang realistis dan terukur.
  - Komunikasi yang terbuka dan teratur.
  - Jangan menunda pekerjaan dan disiplin dengan deadline.
  - Selalu siapkan backup dan alternatif solusi.
  - Evaluasi setiap tahap untuk perbaikan berkelanjutan.

Kesimpulan

Manajemen proyek yang efektif adalah fondasi utama agar pembuatan video visual cerita berjalan lancar, terstruktur, dan menghasilkan karya terbaik. Dengan perencanaan matang, pembagian tugas jelas, dan komunikasi yang baik, kamu dapat menghindari banyak hambatan dan mempercepat proses produksi. Selain itu, penggunaan tools manajemen proyek sangat membantu untuk menjaga semua aspek berjalan sesuai rencana.

Bab 27: Teknik Storytelling Visual Lanjutan untuk Menciptakan Narasi yang Kuat dan Memikat dalam Video Visual Cerita

Pendahuluan

Storytelling atau seni bercerita adalah inti dari setiap video visual cerita yang menarik. Tanpa narasi yang kuat, visual saja tidak cukup untuk menghubungkan emosi penonton dan membuat cerita berkesan. Pada bab ini, kita akan mendalami teknik storytelling visual lanjutan yang dapat mengangkat kualitas video kamu, mulai dari komposisi visual, pengaturan pacing, simbolisme, hingga penggabungan audio dan visual yang harmonis.

Memahami Prinsip Storytelling Visual

"Show, Don't Tell"

- Visual yang menggambarkan emosi dan situasi tanpa narasi panjang.
  - Contoh: ekspresi wajah, gesture, penggunaan warna.

Konsistensi Tema dan Mood

- Pastikan tone visual dan cerita sejalan sepanjang video.
  - Gunakan palet warna dan musik untuk mendukung mood.

Memanfaatkan Simbol dan Metafora Visual

- Objek atau warna tertentu yang punya makna tersembunyi.
  - Membuat cerita lebih dalam dan berlapis.

Komposisi Visual untuk Storytelling yang Efektif

Rule of Thirds dan Framing

- Menempatkan elemen penting di titik-titik fokus visual.
  - Membimbing mata penonton pada bagian penting cerita.

Penggunaan Ruang Negatif dan Positif

- Memberi ruang pada objek utama untuk menekankan pesan.
  - Menciptakan keseimbangan dan fokus.

Gerakan Kamera dan Transisi Visual

- Menggunakan zoom, pan, dan tilt untuk menambah dinamika.
  - Transisi yang halus dan bermakna antar adegan.

Pacing dan Ritme dalam Storytelling Visual

Mengatur Kecepatan Perubahan Visual

- Slow motion untuk adegan emosional.
  - Cutting cepat untuk adegan menegangkan atau aksi.

Penggunaan Kontras Visual dan Tempo

- Variasi tempo untuk menjaga perhatian penonton.
  - Memadukan adegan tenang dan intens.

Integrasi Audio dan Visual untuk Narasi yang Lebih Kuat

Pemilihan Musik dan Sound Effects

- Musik sebagai penguat emosi dan mood cerita.
  - Sound effects untuk memperkuat realisme dan imersi.

Narasi dan Dialog yang Efektif

- Voice-over yang mendukung visual, bukan mengulang.
  - Dialog yang singkat, jelas, dan bermakna.

Sinkronisasi Audio-Visual

- Timing yang tepat antara suara dan visual.
  - Membuat pengalaman menonton lebih natural dan menyatu.

Penggunaan Warna dalam Storytelling Visual

Psikologi Warna

- Warna hangat untuk energi dan emosi kuat.
  - Warna dingin untuk kesedihan atau ketenangan.

Palet Warna yang Konsisten

- Menggunakan warna dominan untuk tema cerita.
- Variasi warna untuk menandai perubahan mood atau waktu.

Warna Sebagai Simbol dan Petunjuk

- Warna yang merepresentasikan karakter atau situasi.

Membangun Karakter Melalui Visual

Desain Karakter yang Mewakili Kepribadian

- Bentuk, warna, dan gerakan karakter yang khas.

Ekspresi dan Bahasa Tubuh

- Menggunakan ekspresi wajah dan gesture untuk menyampaikan emosi.

Perkembangan Visual Karakter

- Perubahan visual karakter sesuai perkembangan cerita.

Membangun Dunia Cerita dengan Detail Visual

Setting dan Latar yang Mendukung Narasi

- Detail latar yang menambah konteks dan atmosfer.

Konsistensi Visual di Setiap Adegan

- Memastikan elemen latar dan props tetap sesuai tema.

Penggunaan Detail Kecil untuk Menambah Dimensi Cerita

- Objek atau simbol kecil yang menambah kedalaman.

Eksperimen dengan Gaya Visual dan Teknik Baru

Menggabungkan Animasi dengan Live Action

- Membuat kombinasi yang unik dan menarik.

Penggunaan Teknik Stop Motion atau Claymation

- Memberikan nuansa berbeda dan personal.

Teknik Visual Efek untuk Menambah Dramatisasi

- Efek cahaya, bayangan, dan partikel untuk atmosfer.

Studi Kasus: Storytelling Visual dalam Video "Robot Kesepian"

- Bagaimana visual dan audio bekerja bersama membangun suasana kesepian.
    - Penggunaan warna biru dan abu-abu untuk mood.
    - Transisi lambat dan musik ambient sebagai penguat emosi.

Tips Menghindari Kesalahan Umum dalam Storytelling Visual

Terlalu Banyak Informasi Visual

- Fokus pada elemen penting dan jangan berlebihan.

Inkonsistensi Visual

- Pastikan semua elemen selaras sepanjang cerita.

Mengabaikan Keterpaduan Audio dan Visual

- Jangan biarkan audio dan visual bertentangan.

Kesimpulan

Teknik storytelling visual lanjutan memungkinkan kamu menciptakan video visual cerita yang tidak hanya menarik secara estetika tetapi juga mampu menyentuh emosi dan membangun narasi yang kuat.

Bab 28: Teknik Editing Lanjutan untuk Memperkuat Storytelling dan Meningkatkan Kualitas Video Visual Cerita

Pendahuluan

Editing adalah tahap krusial dalam pembuatan video visual cerita, di mana semua elemen disusun dan dipoles menjadi sebuah karya utuh yang kuat secara narasi dan estetika. Editing lanjutan tidak hanya soal memotong dan menyusun klip, tapi juga mengatur ritme, menggabungkan efek visual dan audio, hingga mengoptimalkan mood dan emosi cerita. Pada bab ini, kita akan membahas teknik-teknik editing tingkat lanjut yang dapat memperkuat storytelling dan meningkatkan kualitas video kamu secara signifikan.

Peran Editing dalam Storytelling Visual

Menghubungkan Adegan dan Membangun Alur

- Editing sebagai "jembatan" antar adegan untuk menjaga kelancaran cerita.
- Menentukan kapan dan bagaimana berpindah antar momen.

Mengatur Ritme dan Tempo Cerita

- Ritme cepat untuk adegan aksi dan ketegangan.
- Ritme lambat untuk adegan emosional dan reflektif.

Memfokuskan Perhatian Penonton

- Menyoroti elemen penting dengan framing dan cutting tepat waktu.

Cutting dan Transisi yang Efektif

Cutting Dasar dan Cutting Lanjutan

- Cut langsung, cut pada aksi, cut berirama.
  - Jump cut dan teknik seamless cut untuk efek khusus.

Transisi Kreatif

- Dissolve, fade, wipe, dan transisi custom.
- Menggunakan transisi sebagai alat narasi, bukan hanya pemanis.

Timing dan Pacing Transisi

- Menghindari transisi terlalu cepat atau lambat yang mengganggu alur.

Penggunaan Layer dan Compositing

Layer Video dan Audio

- Mengatur beberapa lapisan video dan audio untuk efek kompleks.

Compositing untuk Efek Visual

- Green screen, masking, dan efek visual lain untuk integrasi elemen.

Menggunakan Adjustment Layers

- Menerapkan efek dan koreksi warna secara keseluruhan.

Koreksi Warna dan Grading untuk Mood dan Atmosfer

Koreksi Warna Dasar

- Menyeimbangkan exposure, kontras, dan white balance.

Color Grading untuk Membangun Mood

- Teknik penggunaan warna untuk menciptakan nuansa tertentu.
    - Contoh: warna hangat untuk kebahagiaan, warna dingin untuk kesedihan.

Tools dan Software untuk Color Grading

- Adobe Premiere Pro, DaVinci Resolve, Final Cut Pro.

Integrasi Audio yang Memukau

Mixing Audio dan Sound Design

- Menyeimbangkan volume suara latar, dialog, dan efek.

Penggunaan Sound Effects dan Foley

- Efek suara yang memperkuat realisme dan immersi.

Musik sebagai Penggerak Emosi

- Pemilihan dan penempatan musik yang tepat mendukung narasi.

Teknik Editing untuk Meningkatkan Narasi

Flashback dan Flashforward

- Teknik untuk menambah lapisan cerita dan kedalaman karakter.

Montase dan Paralel Editing

- Menyampaikan waktu yang berlalu atau dua cerita bersamaan.

Manipulasi Waktu: Slow Motion dan Fast Forward

- Menonjolkan momen penting atau mempercepat adegan biasa.

Menggunakan Efek Visual dan Motion Graphics

Efek Visual untuk Memperkuat Narasi

- Partikel, cahaya, dan efek khusus lain.

Motion Graphics untuk Informasi Tambahan

- Teks berjalan, animasi ikon, dan ilustrasi yang mendukung.

Software dan Plugins Populer

- After Effects, HitFilm, Red Giant.

Studi Kasus Editing Video "Robot

Kesepian"

- Proses editing yang memperkuat nuansa kesepian dan harapan.
- Penggunaan slow dissolve dan fade untuk transisi emosional.
- Grading dengan warna dingin dan audio ambient untuk atmosfir.

Tips dan Trik Editing Efektif

- Rencanakan editing sejak pra-produksi.
- Gunakan shortcut keyboard untuk efisiensi.
- Jangan takut mencoba teknik baru dan bereksperimen.
- Selalu review dan minta feedback sebelum finalisasi.

Kesimpulan

Editing lanjutan adalah seni dan teknik yang menggabungkan berbagai elemen untuk menciptakan video visual cerita yang tidak hanya enak dilihat tapi juga kuat dalam menyampaikan pesan dan emosi. Dengan menguasai cutting, koreksi warna, audio mixing, efek visual, dan teknik naratif, kamu dapat meningkatkan kualitas dan daya tarik karya secara signifikan.

Bab 29: Strategi Pemasaran dan Distribusi Video Visual Cerita untuk Meningkatkan Jangkauan dan Engagement

Pendahuluan

Membuat video visual cerita yang berkualitas tinggi hanyalah sebagian dari perjalanan; bagian penting berikutnya adalah memastikan video tersebut bisa ditemukan, ditonton, dan diapresiasi oleh audiens yang tepat. Strategi pemasaran dan distribusi yang efektif sangat krusial untuk mencapai hal ini. Pada bab ini, kita akan membahas berbagai cara dan teknik untuk memasarkan dan mendistribusikan video visual cerita secara optimal, sehingga karya kamu tidak hanya dilihat tapi juga mendapatkan engagement yang tinggi dan peluang monetisasi yang lebih besar.

Memahami Target Audiens

Identifikasi Demografi dan Psikografi Audiens

- Usia, jenis kelamin, lokasi, minat, dan kebiasaan menonton.
- Mengapa memahami audiens penting dalam strategi pemasaran.

Membuat Persona Audiens

- Gambaran ideal dari penonton yang ingin kamu capai.
- Menyesuaikan konten dan promosi agar relevan.

Optimasi Konten untuk Platform Distribusi

Memahami Karakteristik Platform

- TikTok: video pendek, konten trendi, interaktif.
- Instagram Reels: visual estetis dan engagement tinggi.
- YouTube: video lebih panjang, penjelasan detail, komunitas.
- Vimeo: fokus kualitas tinggi dan profesional.

Penyesuaian Format dan Durasi Video

- Video versi pendek untuk teaser.
- Versi lengkap untuk platform dengan durasi lebih panjang.

Membuat Thumbnail dan Judul yang Menarik

- Thumbnail yang menarik perhatian dan relevan.
- Judul yang informatif dan mengandung keyword.

Teknik SEO untuk Video

Penggunaan Keyword yang Tepat

- Riset keyword yang sesuai dengan tema video.
- Penempatan keyword pada judul, deskripsi, dan tag.

Deskripsi dan Tag yang Optimal

- Deskripsi video yang lengkap dan mengundang klik.
- Tag untuk memperluas jangkauan pencarian.

Transkrip dan Subtitle

- Membantu penonton memahami isi video.
  - Memudahkan pencarian dan aksesibilitas.

Memanfaatkan Media Sosial untuk Promosi

Strategi Posting yang Konsisten

- Menentukan jadwal posting dan frekuensi.
  - Menggunakan fitur Stories, Live, dan IGTV.

Interaksi dengan Audiens

- Membalas komentar dan pesan.
  - Mengadakan kuis atau challenge terkait video.

Kolaborasi dengan Influencer dan Kreator Lain

- Memperluas jangkauan melalui audiens mereka.
  - Membuat konten kolaborasi yang saling menguntungkan.

Platform dan Marketplace untuk Monetisasi dan Distribusi

YouTube Partner Program

- Monetisasi iklan dan membership.
  - Syarat dan cara bergabung.

Vimeo On Demand dan OTT

- Menjual atau menyewakan video langsung ke penonton.

Amazon Video Direct

- Distribusi dan monetisasi dengan Amazon.

Patreon dan Platform Crowdfunding

- Mendapatkan dukungan langsung dari fans.

Membuat Website dan Blog Pendukung

Manfaat Website untuk Branding dan SEO

- Kontrol penuh atas konten dan promosi.

Membuat Blog dengan Konten Pendukung

- Artikel terkait video untuk meningkatkan traffic.

Integrasi Video dengan Website

- Embed video dan call-to-action untuk engagement.

Analitik dan Evaluasi Kinerja Video

Menggunakan Data untuk Memahami Audiens

- Analisa demografi, durasi tontonan, dan engagement.

Mengukur Efektivitas Promosi

- Lihat sumber trafik dan performa kampanye.

Melakukan Perbaikan Berkelanjutan

- Adaptasi konten dan strategi berdasarkan data.

Strategi Khusus untuk Video Visual Cerita

Membuat Serial atau Episode

- Membangun audiens setia dengan konten berkelanjutan.

Menggunakan Cliffhanger dan Teaser

- Meningkatkan rasa penasaran dan keterlibatan penonton.

Menggabungkan Interaktivitas

- Polling, quiz, atau call-to-action dalam video.

Studi Kasus: Promosi Video "Robot Kesepian"

- Cara memanfaatkan Instagram dan TikTok untuk teaser.
    - Kolaborasi dengan komunitas sci-fi dan animator.
    - Penggunaan hashtag dan challenge untuk engagement.

Tips dan Trik Pemasaran Efektif

- Gunakan storytelling juga dalam promosi.
    - Jaga konsistensi branding visual dan pesan.
    - Eksperimen dengan format dan konten promosi baru.
    - Jangan lupa untuk terus membangun komunitas.

Kesimpulan

Pemasaran dan distribusi yang efektif adalah kunci agar video visual cerita kamu bisa dikenal dan diapresiasi oleh banyak orang. Dengan memahami audiens, mengoptimasi konten sesuai platform, memanfaatkan media sosial, serta menggunakan data analitik, kamu dapat memperluas jangkauan dan meningkatkan engagement. Monetisasi dan branding juga akan lebih optimal dengan strategi yang terencana baik.

Bab 30: Membangun Personal Branding sebagai Kreator Video Visual Cerita untuk Meningkatkan Peluang Karier dan Kolaborasi

Pendahuluan

Dalam dunia kreatif, kualitas karya saja tidak cukup untuk mengangkat karier dan membuka peluang kolaborasi yang luas. Personal branding adalah alat penting yang dapat membantu kamu membangun identitas profesional, dikenal oleh audiens dan industri, serta dipercaya sebagai kreator yang unik dan berkompeten. Bab ini membahas secara rinci bagaimana membangun dan mengelola personal branding khusus bagi kreator video visual cerita agar bisa meraih kesuksesan dan peluang baru.

Memahami Personal Branding dalam Dunia Kreatif

Apa Itu Personal Branding?

- Definisi personal branding sebagai citra, reputasi, dan keunikan diri.
- Bagaimana personal branding memengaruhi persepsi audiens dan klien.

Mengapa Personal Branding Penting untuk Kreator Video?

- Membedakan diri dari kreator lain.
    - Membangun kepercayaan dan kredibilitas.
    - Memudahkan peluang kolaborasi dan proyek.

Menemukan Identitas dan Nilai Unik Kamu

Mengenali Keunikan dan Kekuatan Diri

- Analisis karya, gaya, dan passion kamu.
    - Apa yang membuatmu berbeda dari kreator lain?

Menentukan Nilai dan Pesan yang Ingin Disampaikan

- Nilai yang ingin kamu angkat melalui karya dan interaksi.
    - Pesan utama yang konsisten dalam semua konten.

Membuat Portofolio Profesional yang Menarik

Menampilkan Karya Terbaik dengan Presentasi Rapi

- Pilih karya yang relevan dan menunjukkan keahlian.
    - Gunakan platform portofolio online (Behance, Vimeo, website pribadi).

Menambahkan Deskripsi dan Proses Kreatif

- Ceritakan latar belakang proyek dan teknik yang digunakan.
    - Berikan konteks untuk memperkaya nilai portofolio.

Memperbarui Portofolio Secara Berkala

- Tampilkan karya terbaru dan terbaik.
    - Hapus atau revisi karya yang kurang representatif.

Membangun Kehadiran Online yang Konsisten

Memilih Platform yang Tepat

- YouTube, Instagram, TikTok, LinkedIn, dan website pribadi.
    - Sesuaikan dengan target audiens dan jenis konten.

Konsistensi Visual dan Narasi

- Gunakan logo, warna, font yang konsisten.
    - Tonalitas komunikasi yang sesuai dengan branding.

Mengoptimalkan Profil Media Sosial

- Bio yang jelas dan menarik.
    - Link ke portofolio, kontak, dan media lain.

Mengembangkan Jaringan dan Komunitas

Berinteraksi dengan Kreator Lain dan Audiens

- Kolaborasi, komentar, dan support.
    - Bergabung dengan komunitas kreator atau niche tertentu.

Menghadiri Event dan Workshop

- Membangun koneksi offline yang dapat mendukung karier.
  - Belajar dari profesional lain dan berbagi pengalaman.

Memanfaatkan Platform Networking Profesional

- LinkedIn untuk menjalin relasi profesional.
  - Forum dan grup khusus industri kreatif.

Strategi Meningkatkan Kredibilitas dan Eksposur

Membuat Konten Edukasi dan Inspiratif

- Berbagi tips, tutorial, dan cerita di balik layar.
  - Membangun reputasi sebagai ahli di bidangmu.

Mendapatkan Testimoni dan Endorsement

- Dari klien, kolaborator, atau influencer.
  - Meningkatkan kepercayaan audiens baru.

Publikasi dan Media

- Menulis artikel, wawancara, atau tampil di media.
  - Menggunakan press release untuk proyek penting.

Menjaga Reputasi dan Etika Profesional

Konsistensi dan Kejujuran

- Jangan melebih-lebihkan kemampuan atau klaim.
  - Jaga integritas dalam semua interaksi.

Menangani Kritik dan Feedback Negatif

- Sikap terbuka dan profesional.
- Gunakan kritik sebagai bahan perbaikan.

Privasi dan Batasan Diri

- Menentukan apa yang ingin dibagikan dan tidak.
- Menjaga keseimbangan kehidupan pribadi dan profesional.

Memanfaatkan Personal Branding untuk Peluang Karier dan Kolaborasi

Mendapatkan Klien dan Proyek Freelance

- Menggunakan personal branding sebagai "alat jual".
- Menawarkan jasa secara profesional dan menarik.

Kolaborasi dengan Kreator dan Brand

- Menyusun proposal kolaborasi yang jelas dan menarik.
- Mempertahankan hubungan baik dan komunikasi terbuka.

Membangun Karier di Industri Kreatif

- Melamar kerja atau kontrak di studio, agensi, atau perusahaan.
- Memanfaatkan jaringan dan reputasi.

Studi Kasus: Personal Branding Kreator Video "Robot Kesepian"

- Bagaimana branding personal sang kreator mendukung kesuksesan karya.
- Strategi membangun komunitas penggemar dan kolaborator.
- Pengaruh kehadiran online yang konsisten dan interaktif.

Tips dan Tools untuk Membangun Personal Branding

- Gunakan Canva atau Adobe Spark untuk desain branding visual.
- Platform manajemen sosial media seperti Hootsuite atau Buffer.
- Tools analytics untuk mengukur performa dan engagement.
- Pelajari dari kreator sukses dan terus tingkatkan diri.

Kesimpulan

Personal branding adalah fondasi yang sangat penting bagi kreator video visual cerita yang ingin berkembang secara profesional dan berkelanjutan. Dengan memahami dan mengelola citra diri, membangun portofolio dan jaringan, serta menjaga reputasi, kamu membuka pintu bagi peluang karier dan kolaborasi yang lebih luas. Konsistensi, keunikan, dan kejujuran menjadi kunci sukses dalam personal branding.

Bab 31: Teknik Presentasi dan Pitching Video Visual Cerita kepada Klien atau Investor untuk Mendapatkan Dukungan dan Proyek

Pendahuluan

Membuat video visual cerita yang berkualitas sudah merupakan pencapaian besar, namun kemampuan mempresentasikan dan mempitch karya tersebut kepada klien, investor, atau pihak terkait menjadi tahap yang tak kalah penting. Presentasi dan pitching yang efektif dapat membuka peluang pendanaan, kerja sama, dan distribusi yang lebih luas. Dalam bab ini, kita akan mengupas strategi dan teknik bagaimana kamu dapat menyampaikan ide dan karya dengan meyakinkan dan profesional untuk memenangkan hati audiens.

Memahami Audiens Pitching

Identifikasi Pihak yang Akan Kamu Hadapi

- Klien: biasanya fokus pada kebutuhan bisnis dan hasil akhir.
- Investor: fokus pada potensi keuntungan dan risiko.
- Distributor atau partner: tertarik pada jangkauan pasar dan nilai komersial.

Menyesuaikan Presentasi dengan Prioritas Audiens

- Fokus pada aspek yang paling relevan bagi mereka.

- Gunakan bahasa dan data yang sesuai.

Mempersiapkan Materi Presentasi yang Kuat

Membuat Outline Presentasi

- Pendahuluan: siapa kamu dan proyekmu.
- Isi: ide cerita, konsep visual, target audiens, potensi pasar.
- Penutup: apa yang kamu butuhkan dan manfaat bagi mereka.

Menggunakan Visual Pendukung

- Storyboard, moodboard, atau cuplikan video.
- Grafik dan data pasar.

Mempersiapkan Demo Video atau Trailer

- Video singkat yang menunjukkan konsep dan kualitas karya.
- Menjadi alat paling efektif dalam pitching.

Teknik Penyampaian Presentasi

Membuka dengan Kesan yang Kuat

- Cerita singkat atau fakta menarik yang memikat perhatian.

Menjaga Bahasa Tubuh dan Kontak Mata

- Bersikap percaya diri dan komunikatif.

Menggunakan Bahasa yang Jelas dan Persuasif

- Hindari jargon teknis yang membingungkan.
    - Fokus pada manfaat dan solusi.

Strategi Pitching yang Efektif

Elevator Pitch

- Ringkasan singkat dan padat yang menggambarkan inti proyek.
    - Harus menarik dalam waktu kurang dari 1-2 menit.

Pitch Lengkap

- Penjelasan detail, termasuk visi, misi, dan rencana aksi.
    - Menjawab potensi pertanyaan dan kekhawatiran.

Mengantisipasi Pertanyaan dan Keberatan

- Persiapkan jawaban untuk pertanyaan teknis, finansial, dan kreatif.

Mengelola Emosi dan Tekanan saat Presentasi

Teknik Relaksasi dan Persiapan Mental

- Latihan pernapasan dan visualisasi sukses.

Beradaptasi dengan Respons Audiens

- Membaca bahasa tubuh dan menyesuaikan tempo bicara.

Mengatasi Ketakutan dan Rasa Gugup

- Fokus pada pesan utama dan audiens, bukan pada diri sendiri.

Membuat Proposal Tertulis yang Profesional

Struktur Proposal yang Jelas dan Informatif

- Ringkasan eksekutif, deskripsi proyek, anggaran, timeline.

Menambahkan Portofolio dan Referensi Pendukung

- Karya sebelumnya dan testimoni.

Menyusun Proposal Sesuai Kebutuhan Klien atau Investor

- Fokus pada aspek yang mereka nilai penting.

Negosiasi dan Follow-up

Teknik Negosiasi yang Menguntungkan

- Menjaga komunikasi terbuka dan fleksibel.

Menindaklanjuti Setelah Presentasi

- Mengirim email terima kasih dan menanyakan feedback.

Membangun Hubungan Jangka Panjang

- Konsistensi dan profesionalisme dalam komunikasi.

Studi Kasus Pitching Video "Robot Kesepian"

- Contoh pendekatan pitching kepada investor.
  - Visualisasi konsep dan demo video sebagai senjata utama.
  - Respon positif dan strategi follow-up yang efektif.

Tips dan Tools untuk Presentasi dan Pitching Sukses

- Gunakan software presentasi seperti PowerPoint, Keynote, atau Canva.
  - Latihan presentasi dengan teman atau mentor.
  - Rekam dan evaluasi diri untuk perbaikan.

Kesimpulan

Kemampuan mempresentasikan dan mempitch video visual cerita dengan baik adalah kunci untuk membuka peluang pendanaan, kerja sama, dan distribusi. Dengan persiapan materi yang matang, teknik penyampaian yang efektif, serta manajemen emosi yang baik, kamu dapat meyakinkan klien dan investor untuk mendukung proyekmu.

Bab 32: Teknik Storytelling Lanjutan untuk Memperdalam Narasi dalam Video Visual Cerita

Pendahuluan

Storytelling adalah jiwa dari setiap video visual cerita. Dengan narasi yang kuat dan mendalam, sebuah video tidak hanya mampu menghibur, tetapi juga menyentuh emosi, menginspirasi, dan meninggalkan kesan yang bertahan lama. Setelah memahami dasar-dasar storytelling, pada bab ini kita akan menggali teknik lanjutan yang dapat memperkaya dan memperdalam narasi dalam video visual cerita, sehingga karya kamu menjadi lebih memikat dan berkesan.

Memahami Struktur Narasi yang Kompleks

Struktur Tiga Babak yang Diperluas

- Babak 1 (Setup): Pengenalan karakter, setting, dan konflik utama dengan detail yang lebih kaya.
- Babak 2 (Konflik): Pengembangan konflik dan karakter yang lebih dalam.
- Babak 3 (Resolusi): Penyelesaian yang memuaskan dan mengejutkan.

Struktur Narasi Alternatif

- Narasi non-linear (flashback, flashforward).
- Narasi berlapis dengan subplot yang saling berkaitan.
- Penggunaan perspektif ganda.

Pengembangan Karakter yang Mendalam

Karakter Kompleks dengan Motivasi yang Jelas

- Membuat latar belakang dan tujuan karakter.
- Konflik internal dan eksternal yang memperkaya cerita.

Transformasi Karakter (Character Arc)

- Perubahan signifikan yang dialami karakter selama cerita.
- Cara menunjukkan perubahan melalui tindakan dan dialog.

Karakter Pendukung yang Bermakna

- Peran karakter pendukung dalam memperkuat tema utama.
- Memberikan kedalaman dan variasi pada narasi.

Menggunakan Simbolisme dan Metafora Visual

Simbolisme dalam Elemen Visual

- Warna, objek, dan setting yang mewakili ide atau emosi.
- Contoh penggunaan simbolisme yang efektif.

Metafora Visual untuk Memperkuat Pesan

- Menggunakan metafora untuk menyampaikan makna tersembunyi.
- Bagaimana metafora memperkaya pengalaman menonton.

Memanfaatkan Teknik Narasi Audio dan Musik

Pemilihan Musik yang Mendukung Emosi

- Musik sebagai alat untuk memperkuat mood dan suasana.
- Sinkronisasi musik dengan momen penting cerita.

Penggunaan Suara dan Efek Audio

- Efek suara untuk menciptakan atmosfer yang imersif.
- Narasi suara (voice over) untuk menambah kedalaman cerita.

Membangun Ketegangan dan Klimaks

Teknik Membangun Suspense

- Mengatur pacing dan ritme narasi.
- Penggunaan cliffhanger dan foreshadowing.

Klimaks yang Memuaskan

- Memastikan klimaks sebagai puncak emosional cerita.
- Cara merancang resolusi yang tidak terduga namun logis.

Penggunaan Dialog yang Efektif

Dialog yang Natural dan Bermakna

- Menghindari dialog yang berlebihan atau klise.
    - Dialog sebagai alat pengembangan karakter dan plot.

Subteks dalam Dialog

- Mengomunikasikan makna yang tersembunyi di balik kata-kata.
    - Meningkatkan kompleksitas dan realisme narasi.

Teknik Visual Storytelling yang Mendukung Narasi

Komposisi dan Framing

- Menggunakan sudut kamera untuk menunjukkan emosi dan hubungan antar karakter.

Gerakan Kamera dan Transisi

- Memilih teknik gerakan dan transisi untuk mengarahkan perhatian penonton.

Warna dan Pencahayaan

- Menciptakan atmosfer dan tone melalui warna dan pencahayaan.

Eksperimen dengan Format dan Gaya Narasi

Format Eksperimental

- Menggabungkan animasi dengan live-action.
- Menggunakan teknik stop-motion, split-screen, dan lain-lain.

Gaya Narasi Unik

- Narasi dari sudut pandang objek atau konsep abstrak.
- Menggunakan gaya visual yang tidak konvensional untuk menyampaikan cerita.

Studi Kasus: Menerapkan Teknik Storytelling Lanjutan pada Video "Robot Kesepian"

- Bagaimana menggunakan flashback dan simbolisme untuk memperdalam cerita.
- Pengembangan karakter robot dengan arc emosional yang kuat.
- Penggunaan musik dan efek suara untuk membangun ketegangan.

Tips dan Latihan untuk Mengasah Kemampuan Storytelling

- Membaca dan menganalisis cerita visual yang kompleks.
- Berlatih menulis script dengan teknik lanjutan.
- Menggunakan feedback untuk menyempurnakan narasi.

Kesimpulan

Teknik storytelling lanjutan sangat penting untuk membuat video visual cerita yang tidak hanya menarik secara visual, tetapi juga kaya makna dan emosi. Dengan memahami struktur narasi yang kompleks, pengembangan karakter yang mendalam, simbolisme, serta teknik audio dan visual, kamu bisa menciptakan karya yang berkesan dan berdampak bagi penonton.

Bab 33: Teknik Editing Lanjutan untuk Mendukung Storytelling dan Meningkatkan Kualitas Video Visual Cerita

Pendahuluan

Editing adalah proses penting yang mengubah rekaman mentah menjadi karya video visual cerita yang utuh dan memukau. Teknik editing yang tepat tidak hanya memperhalus visual, tetapi juga memperkuat storytelling, mengatur ritme, dan membangun emosi. Setelah memahami dasar-dasar editing, bab ini membahas teknik editing lanjutan yang dapat membantu kamu meningkatkan kualitas dan daya tarik video visual cerita secara signifikan.

Memahami Peran Editing dalam Storytelling

Editing sebagai Seni Penyampaian Cerita

- Bagaimana editing mengontrol waktu, ruang, dan fokus narasi.
- Editing sebagai "penulis kedua" dalam proses pembuatan film.

Peran Editor dalam Menginterpretasi Naskah dan Footage

- Memilih dan menyusun footage untuk mendukung alur cerita.
- Menjaga konsistensi dan kesinambungan visual.

Teknik Cutting untuk Mengatur Ritme dan Emosi

Cutting Berdasarkan Tempo Cerita

- Cutting cepat untuk adegan aksi dan ketegangan.
- Cutting lambat untuk adegan emosional dan dramatis.

Match Cut dan J Cut

- Match cut untuk transisi yang halus dan simbolis.
- J cut untuk memulai audio sebelum gambar berganti.

Cut dan Split Edit

- Menjaga kontinuitas dialog dan atmosfer.
- Teknik ini untuk mengarahkan perhatian penonton.

Menggunakan Transisi Kreatif

Transisi Biasa vs Transisi Kreatif

- Fade, dissolve, wipe, dan efek transisi khusus.
- Kapan dan bagaimana menggunakan transisi agar tidak mengganggu narasi.

Transisi Sebagai Alat Narasi

- Transisi yang mendukung perubahan waktu, tempat, atau mood.
    - Transisi yang memberikan makna simbolis.

Color Grading dan Color Correction

Perbedaan Color Correction dan Color Grading

- Color correction untuk menyesuaikan warna dasar dan keseimbangan.
    - Color grading untuk memberikan mood dan tone khas.

Teknik Color Grading untuk Storytelling

- Menggunakan palet warna untuk membangun emosi dan karakter.
    - Contoh palet warna untuk suasana cerah, gelap, atau misterius.

Tools dan Software untuk Color Grading

- DaVinci Resolve, Adobe Premiere Pro, Final Cut Pro.
    - Plugins dan LUTs yang umum digunakan.

Penggunaan Efek Visual (VFX) untuk Mendukung Narasi

Efek Visual Dasar

- Penggunaan keying, masking, dan rotoscoping.
  - Efek sederhana untuk meningkatkan estetika.

Efek Visual Lanjutan

- CGI, compositing, dan efek partikel.
  - Integrasi VFX dengan footage nyata.

Menggunakan Efek untuk Membangun Atmosfer

- Efek kabut, cahaya, dan bayangan untuk mood tertentu.
  - Efek khusus untuk menandai perubahan waktu atau dunia imajinasi.

Sound Editing dan Mixing

Sinkronisasi Audio dan Video

- Memastikan dialog dan suara efek sesuai dengan gambar.
  - Teknik mixing untuk keseimbangan suara.

Sound Design untuk Meningkatkan Narasi

- Membuat efek suara unik yang mendukung suasana.
  - Penggunaan ambient sound untuk menghidupkan scene.

Musik sebagai Alat Editing

- Memotong dan menyusun musik agar sesuai dengan ritme video.
  - Transisi musik yang halus dan menyatu dengan visual.

Teknik Editing Non-Linear dan Multicam

Editing Non-Linear

- Keuntungan dan cara kerja editing non-linear.
    - Software yang mendukung editing non-linear.

Editing Multicam

- Menyunting footage dari beberapa kamera secara simultan.
    - Teknik ini untuk adegan dialog atau event yang kompleks.

Optimasi Output dan Format Video

Memilih Format dan Resolusi yang Tepat

- Format umum: MP4, MOV, AVI.
    - Resolusi sesuai platform distribusi.

Kompresi dan Pengaturan Bitrate

- Menjaga kualitas sambil mengurangi ukuran file.
    - Software untuk kompresi video.

Metadata dan Subtitel

- Menambahkan metadata untuk SEO dan aksesibilitas.
    - Menyisipkan subtitel untuk menjangkau audiens lebih luas.

Studi Kasus Editing Video "Robot Kesepian"

- Proses editing untuk membangun mood kesepian dan harapan.
- Penggunaan color grading yang konsisten dengan tema.
- Integrasi musik dan sound design untuk memperkuat narasi.

Tips dan Latihan Editing Lanjutan

- Eksperimen dengan berbagai teknik cutting dan transisi.
- Pelajari tutorial dan ikut workshop editing lanjutan.
- Gunakan feedback dari penonton untuk perbaikan.

Kesimpulan

Editing lanjutan adalah elemen vital untuk mengubah video visual cerita menjadi karya yang memukau dan efektif dalam menyampaikan pesan. Dengan menguasai teknik cutting, transisi, color grading, efek visual, serta sound editing, kamu dapat meningkatkan kualitas produksi dan storytelling secara signifikan.

Bab 34: Strategi Distribusi dan Pemasaran Video Visual Cerita untuk Menjangkau Audiens Lebih Luas dan Meningkatkan Engagement

Pendahuluan

Setelah menghasilkan video visual cerita yang berkualitas, langkah selanjutnya adalah memastikan karya tersebut sampai ke tangan audiens yang tepat dan mendapatkan respon yang maksimal. Distribusi dan pemasaran menjadi kunci untuk menjangkau lebih banyak penonton, membangun komunitas penggemar, serta membuka peluang komersial. Pada bab ini, kita akan membahas strategi distribusi dan pemasaran yang efektif, dari pemilihan platform hingga teknik engagement audiens, agar video visual ceritamu tidak hanya dilihat, tapi juga diapresiasi dan dibagikan.

Memahami Target Audiens dan Pasar

Menentukan Profil Audiens

- Usia, jenis kelamin, minat, dan kebiasaan menonton.
    - Platform favorit dan gaya konsumsi konten.

Analisis Kompetitor

- Melihat video serupa dan strategi distribusi mereka.
    - Mengidentifikasi celah pasar dan peluang unik.

Pemilihan Platform Distribusi

Platform Media Sosial

- YouTube, Instagram Reels, TikTok, Facebook, dan Twitter.
  - Keunggulan dan kekurangan masing-masing platform.
  - Tips mengoptimalkan konten sesuai format dan algoritma platform.

Platform Video On Demand (VOD)

- Vimeo, Dailymotion, dan platform niche.
  - Strategi monetisasi dan distribusi premium.

Website Pribadi dan Blog

- Membuat landing page khusus untuk karya.
  - SEO dan blog untuk meningkatkan visibilitas.

Festival Film dan Kompetisi

- Cara mengikuti festival dan manfaatnya.
  - Strategi presentasi untuk menarik perhatian juri dan media.

Strategi Pemasaran Konten Video

Membuat Trailer dan Teaser yang Menarik

- Menyusun potongan singkat yang menggoda rasa penasaran.
  - Menyesuaikan teaser dengan target audiens.

Menggunakan Media Sosial untuk Promosi

- Posting rutin dengan konten pendukung (behind the scenes, Q&A, dll).
- Menggunakan hashtag dan kolaborasi influencer.

Email Marketing dan Newsletter

- Mengumpulkan daftar email audiens potensial.
- Mengirim update dan konten eksklusif untuk membangun loyalitas.

Mengoptimalkan SEO untuk Video

Riset Kata Kunci

- Menemukan kata kunci yang relevan dengan cerita dan target pasar.
- Tools seperti Google Keyword Planner, Ubersuggest.

Optimasi Judul, Deskripsi, dan Tag

- Membuat judul yang menarik sekaligus mengandung kata kunci.
- Deskripsi yang informatif dan mengajak audiens berinteraksi.
- Tag yang relevan untuk meningkatkan discoverability.

Transkrip dan Subtitle

- Menambahkan teks untuk meningkatkan aksesibilitas dan SEO.
- Menjangkau audiens global dengan subtitle bahasa lain.

Meningkatkan Engagement Audiens

Mengajak Interaksi Aktif

- Mengajukan pertanyaan dan meminta feedback.
    - Mengadakan polling atau challenge terkait video.

Membalas Komentar dan Membangun Komunitas

- Menciptakan hubungan personal dengan penonton.
    - Menjadikan audiens sebagai bagian dari proses kreatif.

Live Streaming dan Event Virtual

- Mengadakan sesi tanya jawab dan diskusi.
    - Meningkatkan keterlibatan dan loyalitas.

Strategi Monetisasi Video Visual Cerita

Monetisasi di Platform Video

- YouTube Partner Program, TikTok Creator Fund.
    - Monetisasi via iklan, donasi, dan fitur premium.

Menjual Konten secara Langsung

- Menggunakan Vimeo On Demand, Amazon Video Direct.
    - Membuat paket berbayar dan membership.

Kerjasama Brand dan Sponsor

- Mencari sponsor yang sesuai dengan tema cerita.
    - Mengintegrasikan produk secara natural dalam video.

Mengukur dan Menganalisis Kinerja Distribusi dan Pemasaran

Menggunakan Analytics Platform

- YouTube Analytics, Instagram Insights, Google Analytics.
    - Memantau views, watch time, retention, dan demografi.

Menginterpretasi Data untuk Perbaikan Strategi

- Menemukan konten yang paling efektif.
    - Menyesuaikan waktu posting dan jenis konten.

Studi Kasus Distribusi dan Pemasaran Video "Robot Kesepian"

- Pendekatan multi-platform dan diversifikasi konten.
    - Pemanfaatan teaser, interaksi sosial media, dan festival.
    - Dampak strategi terhadap jangkauan dan engagement.

Tips Praktis dan Tools untuk Distribusi dan Pemasaran

- Tools scheduling media sosial: Buffer, Hootsuite.
    - Tools editing thumbnail dan grafis: Canva, Adobe Spark.
    - Tips membangun brand personal dan konsisten.

Kesimpulan

Distribusi dan pemasaran yang terencana dan terarah adalah kunci keberhasilan video visual cerita untuk mencapai audiens yang luas dan membangun engagement yang bermakna. Dengan strategi yang tepat mulai dari pemilihan platform, pembuatan konten pendukung, hingga analisis kinerja, kamu dapat memaksimalkan potensi karya dan membuka berbagai peluang baru.

Bab 35: Teknik Kolaborasi dengan Kreator Lain dan Komunitas untuk Memperluas Jaringan dan Memperkaya Karya Video Visual Cerita

Pendahuluan

Dalam dunia kreatif, kolaborasi adalah salah satu kunci utama untuk memperkaya karya dan memperluas jaringan. Terutama dalam pembuatan video visual cerita, berkolaborasi dengan kreator lain dan komunitas dapat membawa perspektif baru, meningkatkan kualitas produksi, dan membuka peluang distribusi yang lebih luas. Bab ini akan membahas teknik-teknik efektif dalam kolaborasi, cara membangun hubungan yang saling menguntungkan, serta bagaimana memanfaatkan komunitas kreatif untuk mendukung perjalananmu sebagai pembuat video visual cerita.

Memahami Manfaat Kolaborasi dalam Kreativitas

Sinergi Ide dan Keahlian

- Menggabungkan kekuatan berbagai kreator dengan keahlian berbeda.
- Mendorong inovasi dan ide-ide segar melalui diskusi dan brainstorming.

Pembagian Beban Kerja

- Mengurangi beban kerja pribadi dengan pembagian tugas.
- Mempercepat proses produksi tanpa mengurangi kualitas.

Memperluas Jaringan dan Audiens

- Mengakses jaringan pengikut kreator lain.
- Membangun hubungan jangka panjang untuk proyek masa depan.

Menemukan dan Memilih Kreator untuk Kolaborasi

Mencari Kreator dengan Visi dan Gaya yang Sejalan

- Memahami gaya dan nilai kreator yang sesuai dengan visi proyekmu.
- Menghindari perbedaan visi yang bisa menyebabkan konflik.

Menganalisis Kekuatan dan Kelemahan Kreator Potensial

- Menilai keahlian teknis dan kreatif.
- Memperhatikan komitmen dan profesionalisme.

Menggunakan Platform untuk Mencari Kreator

- Media sosial: Instagram, TikTok, LinkedIn.
- Forum dan komunitas kreatif: Behance, ArtStation, Reddit.

- Grup dan komunitas lokal atau online.

Membangun Hubungan dan Komunikasi Efektif

Memulai Pendekatan Profesional

- Menyusun proposal kolaborasi yang jelas dan menarik.
- Menunjukkan nilai dan keuntungan bagi semua pihak.

Komunikasi Terbuka dan Jelas

- Menetapkan harapan dan tanggung jawab sejak awal.
- Menggunakan alat komunikasi yang efektif: email, chat, video call.

Mengatasi Konflik dan Menjaga Hubungan Baik

- Teknik resolusi konflik secara konstruktif.
- Menjaga profesionalisme dalam situasi sulit.

Model Kolaborasi dalam Produksi Video Visual Cerita

Kolaborasi Kreatif

- Co-writing naskah dan brainstorming cerita.
- Sharing ide visual dan konsep desain.

Kolaborasi Teknis

- Pembagian tugas editing, animasi, sound design.
- Penggunaan cloud storage dan project management tools.

Kolaborasi Distribusi dan Pemasaran

- Cross-promotion di media sosial.
- Mengadakan event bersama, seperti live streaming atau workshop.

Memanfaatkan Komunitas Kreatif

Bergabung dengan Komunitas Online dan Offline

- Keuntungan bergabung dengan komunitas kreatif.
- Cara aktif berkontribusi dan mendapatkan feedback.

Mengikuti Workshop dan Meetups

- Meningkatkan skill dan memperluas jaringan.
- Membuka peluang kolaborasi baru.

Membangun Komunitas Sendiri

- Cara memulai komunitas kreatif di bidang video visual cerita.
- Mengelola komunitas untuk tumbuh bersama.

Studi Kasus Kolaborasi: Proyek Video "Robot Kesepian"

- Kolaborasi antara animator, penulis naskah, dan sound designer.

- Pengalaman pembagian tugas dan koordinasi.
- Hasil dan manfaat kolaborasi terhadap kualitas karya dan jangkauan audiens.

Tips Praktis untuk Kolaborasi yang Sukses

- Buat kontrak kerja dan kesepakatan tertulis.
- Jaga komunikasi rutin dan update perkembangan proyek.
- Berikan apresiasi dan penghargaan kepada semua pihak.
- Fleksibel dan terbuka terhadap ide baru.
- Gunakan teknologi untuk mempermudah kolaborasi.

Kesimpulan

Kolaborasi dengan kreator lain dan komunitas adalah strategi penting untuk memperkaya karya video visual cerita dan memperluas jangkauan audiens. Dengan memilih partner yang tepat, komunikasi yang baik, serta pemanfaatan komunitas kreatif, kamu bisa membawa proyekmu ke level yang lebih tinggi sekaligus membangun jaringan profesional yang kuat.

Bab 36: Membangun Brand Personal sebagai Pembuat Video Visual Cerita untuk Meningkatkan Kredibilitas dan Peluang Karier

Pendahuluan

Di era digital saat ini, membangun brand personal adalah langkah strategis penting bagi pembuat video visual cerita. Brand personal bukan hanya tentang mengenalkan nama atau logo, tapi bagaimana kamu dipersepsikan oleh audiens, klien, dan komunitas kreatif. Dengan brand personal yang kuat, kamu tidak hanya meningkatkan kredibilitas, tapi juga membuka banyak peluang karier, kolaborasi, dan monetisasi. Bab ini akan membahas secara lengkap cara membangun dan mengembangkan brand personal secara efektif untuk mendukung perjalananmu di dunia video visual cerita.

Memahami Konsep Brand Personal

Apa Itu Brand Personal?

- Definisi brand personal dalam konteks kreator konten.
  - Perbedaan antara brand personal dan branding produk.

Manfaat Brand Personal untuk Kreator Video Visual Cerita

- Meningkatkan kepercayaan dan reputasi.
  - Mempermudah pemasaran dan distribusi karya.

- Membuka peluang kerja dan kolaborasi.

Menemukan Identitas Brand Personalmu

Menentukan Nilai dan Visi

- Apa yang kamu perjuangkan dan ingin sampaikan melalui karya.
- Bagaimana nilai tersebut tercermin dalam video visual cerita yang kamu buat.

Menentukan Gaya dan Karakter Visual

- Konsistensi warna, font, dan estetika.
- Menciptakan logo atau simbol yang mudah dikenali.

Mengembangkan Voice dan Tone Komunikasi

- Cara berkomunikasi yang sesuai dengan audiens dan brand.
- Membangun persona yang autentik dan menarik.

Membangun Kehadiran Online

Membuat Website dan Portfolio Online

- Menampilkan karya terbaik dan informasi profil.
- SEO dasar untuk meningkatkan visibilitas.

Memanfaatkan Media Sosial Secara Strategis

- Memilih platform yang tepat (YouTube, Instagram, TikTok, LinkedIn).
- Konsistensi posting dan interaksi dengan audiens.

Konten Pendukung untuk Memperkuat Brand

- Blog, vlog, tutorial, dan behind the scenes.
    - Konten edukasi untuk menunjukkan keahlian.

Networking dan Membangun Relasi Profesional

Mengikuti Komunitas dan Event Kreatif

- Workshop, konferensi, dan festival.
    - Aktif berpartisipasi dan memberikan kontribusi.

Kolaborasi untuk Memperluas Jaringan

- Proyek bersama kreator lain.
    - Membangun hubungan jangka panjang.

Membangun Hubungan dengan Klien dan Sponsor

- Cara komunikasi profesional.
    - Menjaga reputasi dan layanan terbaik.

Strategi Pemasaran Brand Personal

Personal Branding melalui Storytelling

- Menggunakan cerita pribadimu untuk menarik perhatian.
    - Membangun emotional connection dengan audiens.

Menggunakan Testimoni dan Review

- Memanfaatkan feedback positif untuk meningkatkan kepercayaan.
    - Cara meminta testimoni dari klien dan kolaborator.

Memanfaatkan Media dan Publikasi

- Mengirimkan press release dan pitch ke media.
    - Berpartisipasi dalam podcast dan wawancara.

Manajemen Waktu dan Produktivitas

Menetapkan Tujuan dan Rencana Jangka Panjang

- Goal setting untuk pengembangan brand.
    - Membuat roadmap karier kreatif.

Mengelola Waktu dengan Efektif

- Teknik time management untuk kreator.
    - Menghindari burnout dan menjaga motivasi.

Menghadapi Tantangan dan Krisis Brand

Mengelola Kritik dan Komentar Negatif

- Teknik menerima kritik dengan positif.
    - Menanggapi komentar negatif secara profesional.

Memperbaiki dan Mengembangkan Brand Setelah Krisis

- Strategi recovery dan rebranding.

- Belajar dari kesalahan untuk tumbuh lebih kuat.

Studi Kasus: Brand Personal Kreator Video "Robot Kesepian"

- Bagaimana kreator membangun brand personalnya.
- Langkah-langkah yang diambil untuk meningkatkan kredibilitas dan peluang.
- Dampak brand personal terhadap kesuksesan proyek.

Tools dan Resources untuk Membangun Brand Personal

- Platform website builder: Wix, Squarespace.
- Tools desain grafis: Canva, Adobe Creative Cloud.
- Software manajemen media sosial: Buffer, Hootsuite.

Kesimpulan

Membangun brand personal adalah investasi jangka panjang yang sangat penting bagi pembuat video visual cerita. Dengan identitas yang kuat, kehadiran online yang konsisten, serta jaringan profesional yang luas, kamu dapat meningkatkan kredibilitas, memperluas peluang karier, dan membangun hubungan yang bermakna dengan audiens dan klien.

Bab 37: Strategi Pengembangan Keterampilan Lanjutan untuk Menjaga Relevansi dan Terus Berkembang di Dunia Video Visual Cerita

Pendahuluan

Di dunia yang terus berubah dan berkembang dengan cepat, terutama di bidang kreatif seperti video visual cerita, kemampuan untuk terus belajar dan mengembangkan keterampilan adalah kunci untuk tetap relevan dan kompetitif. Bab ini akan membahas berbagai strategi pengembangan keterampilan lanjutan yang dapat kamu terapkan agar selalu berada di puncak tren dan teknologi terbaru, serta mampu beradaptasi dengan perubahan pasar dan kebutuhan audiens.

Mengidentifikasi Keterampilan Lanjutan yang Dibutuhkan

Tren dan Teknologi Terbaru dalam Video Visual Cerita

- Virtual Reality (VR) dan Augmented Reality (AR).
  - AI dalam editing dan animasi.
  - Teknik storytelling interaktif.

Keterampilan Teknis Lanjutan

- Motion graphics dan efek visual (VFX).

- Color grading dan koreksi warna profesional.
- Penguasaan software editing dan animasi terbaru.

Keterampilan Non-Teknis Lanjutan

- Manajemen proyek kreatif.
- Storytelling yang mendalam dan kompleks.
- Pemasaran digital dan personal branding.

Sumber Belajar untuk Pengembangan Keterampilan

Kursus Online dan Workshop

- Platform seperti Coursera, Udemy, Skillshare.
- Workshop intensif dan bootcamp kreatif.

Membaca Buku dan Artikel Profesional

- Buku-buku tentang storytelling, animasi, dan pemasaran.
- Artikel blog dan jurnal kreatif.

Komunitas dan Forum Profesional

- Diskusi dan sharing pengalaman.
- Mentoring dan feedback langsung.

Praktik dan Eksperimen untuk Memperdalam Keterampilan

Proyek Pribadi dan Eksperimen Kreatif

- Membuat video dengan teknik baru.

- Mencoba genre dan gaya berbeda.

Kolaborasi dengan Kreator Lain

- Belajar dari pengalaman dan keahlian mereka.
- Menggabungkan ide untuk hasil yang inovatif.

Memanfaatkan Feedback untuk Perbaikan

- Mengumpulkan kritik konstruktif.
- Refleksi dan evaluasi diri secara berkala.

Mengelola Waktu dan Motivasi untuk Belajar Berkelanjutan

Membuat Jadwal Belajar yang Realistis

- Menyisihkan waktu khusus untuk pengembangan diri.
- Menghindari overwork dan burnout.

Menetapkan Goal dan Milestone

- Menetapkan target pembelajaran jangka pendek dan panjang.
- Melacak perkembangan dengan jurnal atau aplikasi.

Menjaga Motivasi dan Semangat

- Mengikuti perkembangan industri untuk inspirasi.
- Bergabung dengan komunitas yang suportif.

Membangun Portofolio Keterampilan Lanjutan

Mendokumentasikan Proyek dan Proses Kerja

- Membuat case study dan breakdown project.
- Menampilkan hasil eksperimen dan pembelajaran.

Memperbarui Portfolio Secara Berkala

- Menyesuaikan dengan tren dan standar industri terbaru.
- Menambahkan karya yang menunjukkan kemampuan terbaru.

Menggunakan Portfolio untuk Mendapatkan Peluang Baru

- Menarik perhatian klien dan employer.
- Meningkatkan peluang kolaborasi dan pekerjaan.

Mengikuti Sertifikasi dan Pengakuan Profesional

Manfaat Sertifikasi dalam Dunia Kreatif

- Meningkatkan kredibilitas dan kepercayaan.
- Membuka akses ke jaringan profesional dan peluang kerja.

Jenis Sertifikasi yang Relevan

- Sertifikat software editing dan animasi.
- Sertifikasi storytelling dan pemasaran digital.

Cara Mendapatkan dan Memanfaatkan Sertifikasi

- Memilih lembaga yang diakui.
- Menampilkan sertifikat dalam profil dan portfolio.

Studi Kasus Pengembangan Keterampilan Kreator "Robot Kesepian"

- Langkah-langkah pengembangan keterampilan yang dilakukan.
- Pengaruh pembelajaran lanjutan terhadap kualitas dan peluang.
- Strategi untuk terus beradaptasi dan berkembang.

Tips dan Tools untuk Mendukung Pengembangan Keterampilan

- Tools pembelajaran: Lynda, Khan Academy, MasterClass.
- Aplikasi manajemen waktu: Trello, Notion.
- Sumber inspirasi dan update tren: Behance, Dribbble.

Kesimpulan

Pengembangan keterampilan lanjutan adalah proses yang berkelanjutan dan krusial untuk tetap relevan dan sukses di dunia video visual cerita. Dengan strategi yang tepat, sumber belajar yang beragam, serta konsistensi dalam praktik dan evaluasi, kamu dapat terus meningkatkan kualitas karya dan membuka peluang baru dalam karier kreatifmu.

Bab 38: Mengelola Hak Cipta dan Lisensi untuk Karya Video Visual Cerita agar Tetap Terlindungi dan Dimanfaatkan Secara Optimal

Pendahuluan

Sebagai pembuat video visual cerita, salah satu aspek yang tak kalah penting selain proses kreatif adalah perlindungan karya dari segi hukum. Hak cipta dan lisensi adalah mekanisme yang memastikan kamu mendapatkan pengakuan, kontrol, dan manfaat dari karya yang kamu buat. Bab ini akan membahas secara komprehensif bagaimana mengelola hak cipta dan lisensi, jenis-jenis lisensi yang umum, serta langkah-langkah praktis untuk melindungi dan memanfaatkan karya video visual cerita secara optimal.

Memahami Hak Cipta dan Pentingnya Perlindungan Karya

Apa Itu Hak Cipta?

- Definisi hak cipta sebagai hak eksklusif pencipta atas karya intelektual.
- Perlindungan otomatis saat karya dibuat dan diwujudkan dalam bentuk nyata.
- Hak moral dan hak ekonomi pencipta.

Mengapa Hak Cipta Penting untuk Pembuat

Video Visual Cerita?

- Mencegah penggunaan karya tanpa izin.
- Mendapatkan pengakuan atas karya yang dibuat.
- Mengontrol distribusi dan komersialisasi karya.
- Perlindungan hukum jika terjadi pelanggaran.

Jenis-jenis Hak yang Dilindungi dalam Video Visual Cerita

Hak Moral

- Hak untuk diakui sebagai pencipta.
- Hak untuk menjaga integritas karya agar tidak diubah tanpa izin.

Hak Ekonomi

- Hak untuk memperbanyak dan mendistribusikan karya.
- Hak untuk membuat karya turunan (derivative works).
- Hak untuk menampilkan karya di publik.

Cara Mendaftarkan Hak Cipta di Indonesia dan Internasional

Prosedur Pendaftaran Hak Cipta di Direktorat Jenderal Kekayaan Intelektual (DJKI)

- Dokumen yang dibutuhkan.
- Proses pendaftaran secara online dan offline.
- Biaya dan durasi pendaftaran.

Perlindungan Hak Cipta Internasional

- Konvensi Bern dan WIPO.
- Pendaftaran di luar negeri dan cara melindungi karya secara global.

Memahami Lisensi: Memberikan Izin Penggunaan Karya

Apa Itu Lisensi?

- Perjanjian antara pemilik hak cipta dan pengguna.
- Menentukan batasan dan cara penggunaan karya.

Jenis Lisensi yang Umum Digunakan

- Lisensi eksklusif dan non-eksklusif.
- Lisensi komersial dan non-komersial.
- Lisensi terbatas waktu atau tidak terbatas.

Lisensi Creative Commons dan Kegunaannya

Mengenal Lisensi Creative Commons (CC)

- Tujuan dan filosofi CC.
- Tipe lisensi CC (CC BY, CC BY-SA, CC BY-ND, CC BY-NC, dll).

Kapan Menggunakan Lisensi CC?

- Untuk karya yang ingin dibagikan dengan kebebasan tertentu.

- Menjaga hak cipta tapi tetap memungkinkan penggunaan luas.

Menyusun Kontrak Lisensi yang Efektif

Komponen Penting dalam Kontrak Lisensi

- Definisi karya dan ruang lingkup lisensi.
- Hak dan kewajiban pemilik dan pengguna.
- Durasi, wilayah, dan jenis penggunaan.

Tips Negosiasi Lisensi dengan Klien atau Mitra

- Menentukan harga dan royalti.
- Penanganan pelanggaran dan sengketa.

Mengelola Hak Cipta dalam Kolaborasi

Hak Cipta dalam Proyek Kolaboratif

- Menentukan kepemilikan dan pembagian hak.
- Perjanjian tertulis sebagai langkah preventif.

Contoh Kasus dan Solusi

- Penanganan perselisihan hak cipta.

Mengatasi Pelanggaran Hak Cipta

Cara Mengidentifikasi Pelanggaran

- Contoh pelanggaran umum dalam video visual cerita.
  - Menggunakan tools online untuk monitoring karya.

Langkah-langkah Penanganan Pelanggaran

- Surat peringatan (cease and desist).
  - Mediasi dan arbitrase.
  - Proses hukum.

Studi Kasus: Perlindungan Hak Cipta pada Proyek "Robot Kesepian"

- Bagaimana hak cipta dikelola.
  - Pengalaman menghadapi pelanggaran.
  - Pelajaran dan rekomendasi.

Tips Praktis Mengelola Hak Cipta dan Lisensi

- Dokumentasikan semua proses kreatif.
  - Gunakan watermark atau metadata.
  - Simpan kontrak dan perjanjian dengan rapi.
  - Edukasi diri secara berkala tentang hukum kekayaan intelektual.

Kesimpulan

Perlindungan hak cipta dan pengelolaan lisensi adalah fondasi penting untuk menjaga karya video visual cerita agar tetap aman dan memberikan manfaat maksimal bagi pembuatnya. Dengan pemahaman yang baik dan penerapan langkah-langkah tepat, kamu dapat mengontrol karya, menghindari sengketa hukum, dan memaksimalkan potensi komersialisasi.

Bab 39: Teknik Pemasaran dan Distribusi Digital untuk Video Visual Cerita agar Karya Menjangkau Audiens Tepat dan Memberikan Hasil Optimal

Pendahuluan

Membuat video visual cerita yang berkualitas adalah langkah besar, namun tanpa pemasaran dan distribusi yang tepat, karya tersebut bisa sulit dikenal dan diapresiasi oleh audiens. Bab ini membahas teknik pemasaran dan distribusi digital secara komprehensif yang dapat membantu kamu memaksimalkan jangkauan, engagement, dan monetisasi karya video visual cerita. Dengan strategi yang tepat, kamu bisa membangun audiens yang loyal dan membuka peluang baru dalam karier kreatif.

Memahami Audiens dan Pasar Target

Identifikasi Demografi dan Psikografi Audiens

- Usia, gender, lokasi, dan minat.
    - Kebiasaan konsumsi konten dan preferensi media.

Menganalisis Kebutuhan dan Masalah Audiens

- Apa yang mereka cari dalam video visual cerita.
    - Cara karyamu bisa memberikan solusi atau hiburan.

Menentukan Niche dan Positioning

- Fokus pada tema atau genre tertentu.
  - Membangun ciri khas agar mudah dikenali.

Membangun Brand Kreator yang Kuat di Digital

Konsistensi Visual dan Pesan

- Logo, warna, font, dan style.
  - Voice dan tone komunikasi di media sosial.

Membangun Hubungan dengan Audiens

- Interaksi aktif dan responsif.
  - Membuat komunitas dan grup diskusi.

Platform Distribusi yang Tepat untuk Video Visual Cerita

YouTube

- Algoritma dan optimasi SEO.
  - Monetisasi dan fitur komunitas.

Instagram dan Reels

- Konten singkat dan storytelling visual.
  - Hashtag dan kolaborasi influencer.

TikTok

- Tren viral dan engagement tinggi.

- Format kreatif dan tantangan.

Vimeo dan Platform Profesional Lain

- Audience niche dan kualitas tinggi.
    - Opsi monetisasi dan distribusi premium.

Strategi Konten dan Kalender Publikasi

Membuat Konten Berkualitas dan Relevan

- Cerita menarik dan visual yang memikat.
    - Variasi format (teaser, full video, behind the scenes).

Menyusun Jadwal Rutin dan Konsisten

- Frekuensi posting yang ideal.
    - Menggunakan tools manajemen konten.

Teknik SEO untuk Video Visual Cerita

Riset Kata Kunci dan Tag

- Tools riset kata kunci seperti Google Trends, TubeBuddy.
    - Menyesuaikan judul, deskripsi, dan tag.

Optimasi Thumbnail dan Metadata

- Desain thumbnail menarik.
    - Deskripsi yang informatif dan memikat.

Memanfaatkan Media Sosial dan Influencer Marketing

Beriklan di Media Sosial

- Facebook Ads, Instagram Ads, TikTok Ads.
  - Targeting dan budgeting.

Kolaborasi dengan Influencer dan Kreator Lain

- Memperluas jangkauan audiens.
  - Strategi win-win collaboration.

Email Marketing dan Newsletter

Membangun Database Subscriber

- Cara mengumpulkan email secara legal dan efektif.
  - Menawarkan konten eksklusif.

Membuat Newsletter yang Menarik

- Konten edukasi, update karya terbaru, dan promo.
  - Call to action yang jelas.

Analisis Data dan Pengukuran Kinerja

Menggunakan Tools Analitik

- YouTube Analytics, Google Analytics, Insights Instagram.
  - Memahami metrik penting (views, watch time, engagement).

Menyesuaikan Strategi Berdasarkan Data

- Mengidentifikasi konten yang berhasil.
  - Eksperimen dengan format dan waktu posting.

Monetisasi dan Pendapatan dari Video Visual Cerita

Iklan dan Sponsorship

- Menjual space iklan.
  - Menjalin kerjasama sponsor.

Penjualan Produk dan Jasa

- Merchandise, kursus online, dan layanan kreatif.

Crowdfunding dan Donasi

- Patreon, Ko-fi, dan platform pendukung kreator lainnya.

Studi Kasus: Pemasaran dan Distribusi Proyek "Robot Kesepian"

- Strategi pemasaran yang diterapkan.
  - Analisis hasil dan pembelajaran.
  - Pengembangan dan peningkatan distribusi.

Kesimpulan

Teknik pemasaran dan distribusi digital yang tepat adalah kunci untuk menjangkau audiens yang sesuai dan memaksimalkan potensi karya video visual cerita. Dengan pemahaman audiens, penggunaan platform yang tepat, konten berkualitas, dan analisis data, kamu dapat membangun karier kreatif yang berkelanjutan dan menguntungkan.

Bab 40: Mengelola Aspek Keuangan dan Bisnis Kreatif untuk Pembuat Video Visual Cerita agar Usaha Tetap Stabil dan Berkembang

Pendahuluan

Menciptakan video visual cerita yang menarik dan berkualitas adalah sebuah pencapaian besar, tetapi tanpa pengelolaan keuangan dan bisnis yang tepat, usaha kreatif bisa mengalami kesulitan. Bab ini membahas bagaimana kamu sebagai pembuat video visual cerita dapat mengelola keuangan pribadi dan bisnis secara efisien, mulai dari budgeting, pencatatan, hingga strategi bisnis yang mendukung perkembangan usaha kreatif kamu.

Membuat Anggaran dan Rencana Keuangan untuk Proyek Video Visual Cerita

Mengidentifikasi Biaya Produksi

- Biaya peralatan (kamera, software, komputer).
    - Biaya tenaga kerja (jika bekerja sama dengan tim).
    - Biaya lisensi musik, suara, dan asset digital.
    - Biaya pemasaran dan distribusi.

Menentukan Anggaran Berdasarkan Skala Proyek

- Proyek kecil vs proyek besar.
    - Cara menyesuaikan kualitas dengan anggaran.

Membuat Rencana Pengeluaran dan Pemasukan

- Proyeksi biaya dan pendapatan.
    - Membuat cadangan dana untuk tak terduga.

Pencatatan Keuangan dan Pembukuan Sederhana

Pentingnya Mencatat Semua Transaksi

- Manfaat transparansi dan kontrol.
    - Menghindari kebocoran dana.

Tools dan Aplikasi untuk Pembukuan

- Software gratis dan berbayar (Excel, Wave, QuickBooks).
    - Cara memilih sesuai kebutuhan.

Membuat Laporan Keuangan Sederhana

- Laporan arus kas.
    - Laporan laba rugi.

Strategi Penetapan Harga untuk Jasa dan Produk Kreatif

Menentukan Harga Berdasarkan Nilai Karya

- Faktor yang memengaruhi harga (kompleksitas, waktu, keahlian).
    - Harga pasar dan riset kompetitor.

Model Harga yang Umum Digunakan

- Harga per proyek.
    - Harga per jam.
    - Harga paket dan lisensi.

Tips Negosiasi Harga dengan Klien

- Memahami kebutuhan dan anggaran klien.
    - Menyampaikan nilai tambah secara jelas.

Membangun Brand dan Meningkatkan Nilai Jasa Kreatif

Branding Pribadi dan Bisnis Kreatif

- Konsistensi identitas visual dan pesan.
    - Membangun reputasi dan kredibilitas.

Menyusun Portofolio dan Testimoni Klien

- Menampilkan karya terbaik.
    - Memanfaatkan feedback untuk promosi.

Cara Mengelola Pajak untuk Pembuat Video Visual Cerita

Memahami Kewajiban Pajak

- Jenis pajak yang relevan (PPh, PPN).
    - Kewajiban sebagai pekerja lepas atau bisnis kecil.

Mengatur Dokumen dan Bukti Transaksi Pajak

- Faktur dan kuitansi.
    - Laporan pajak tahunan.

Tips Mengoptimalkan Pajak

- Pengurangan pajak untuk biaya usaha.
    - Konsultasi dengan ahli pajak jika perlu.

Membangun Jaringan dan Peluang Bisnis Baru

Mengikuti Event dan Komunitas Kreatif

- Manfaat networking untuk peluang kerja.
    - Kolaborasi dan partnership.

Memanfaatkan Platform Freelance dan Marketplaces

- Upwork, Fiverr, Freelancer.
    - Cara membuat profil menarik dan memenangkan proyek.

Mengatur Waktu dan Produktivitas untuk Menjaga Stabilitas Usaha

Teknik Manajemen Waktu

- Prioritas tugas dan deadline.
    - Menghindari prokrastinasi.

Menjaga Keseimbangan Kerja dan Kehidupan

Pribadi

- Pentingnya istirahat dan kesehatan.
  - Membuat jadwal fleksibel tapi disiplin.

Studi Kasus: Pengelolaan Bisnis Kreatif Proyek "Robot Kesepian"

- Pengelolaan anggaran dan pemasukan.
  - Strategi pemasaran dan pengembangan usaha.
  - Evaluasi hasil dan rencana ke depan.

Kesimpulan

Mengelola aspek keuangan dan bisnis adalah fondasi penting agar usaha kreatif video visual cerita kamu tetap stabil dan berkembang. Dengan anggaran yang tepat, pencatatan yang teratur, strategi harga yang matang, dan manajemen waktu yang baik, kamu bisa menjaga keberlanjutan usaha serta membuka peluang baru.

Bab 41: Teknik Storytelling Lanjutan untuk Memperkuat Daya Tarik Video Visual Cerita di Berbagai Platform Digital

Pendahuluan

Storytelling adalah jiwa dari setiap video visual cerita. Menguasai teknik storytelling dasar sudah menjadi modal penting, tapi untuk memikat audiens dan bertahan di era digital yang sangat kompetitif, kamu perlu mengasah teknik storytelling lanjutan. Bab ini membahas cara memperdalam narasi, memanfaatkan elemen visual dan audio secara efektif, serta mengadaptasi cerita untuk berbagai platform digital agar karya kamu semakin kuat dan berkesan.

Memahami Struktur Narasi Kompleks dan Non-Linear

Narasi Linear vs Non-Linear

- Pengertian dan contoh narasi linear.
- Teknik narasi non-linear: flashback, flashforward, cerita berlapis.

Membangun Plot Twist yang Efektif

- Fungsi plot twist untuk menjaga perhatian penonton.
- Cara merancang plot twist yang logis dan mengejutkan.

Membuat Subplot dan Karakter Pendukung

- Meningkatkan kedalaman cerita dan keterlibatan audiens.
  - Tips mengelola subplot agar tidak membingungkan.

Memperkaya Karakter dan Dialog

Pengembangan Karakter yang Menarik dan Realistis

- Menciptakan latar belakang dan motivasi karakter.
  - Dinamika karakter utama dan antagonis.

Menulis Dialog yang Natural dan Bermakna

- Menghindari dialog klise dan bertele-tele.
  - Menggunakan dialog untuk menunjukkan karakter dan konflik.

Memanfaatkan Visual Storytelling secara Maksimal

Teknik Komposisi dan Pencahayaan

- Menarik perhatian dan menyampaikan mood dengan framing.
  - Penggunaan warna dan pencahayaan untuk menguatkan emosi.

Simbolisme Visual dan Metafora

- Menggunakan objek, warna, atau gerakan sebagai simbol cerita.

- Contoh penerapan dalam video visual cerita.

Penggunaan Audio dan Musik untuk Meningkatkan Narasi

Memilih Musik dan Sound Effect yang Tepat

- Peran musik dalam membangun atmosfer.
  - Efek suara untuk menguatkan adegan dan emosi.

Teknik Mixing Audio yang Efektif

- Menyeimbangkan dialog, musik, dan efek suara.
  - Menghindari gangguan pada fokus penonton.

Adaptasi Cerita untuk Berbagai Platform Digital

Memahami Karakteristik Setiap Platform

- YouTube, Instagram Reels, TikTok, Vimeo, dan lainnya.
  - Format video, durasi ideal, dan gaya konten yang cocok.

Menyesuaikan Durasi dan Penyajian Cerita

- Teknik storytelling singkat untuk platform media sosial.
  - Menjaga inti cerita tetap kuat dalam waktu terbatas.

Teknik Interaktif dan Engagement dalam Video Visual Cerita

Menggunakan Call to Action (CTA) yang Efektif

- Mendorong penonton untuk berinteraksi (like, komentar, share).
- Membuat teaser lanjutan atau konten tambahan.

Mengintegrasikan Elemen Interaktif

- Polling, kuis, dan fitur interaktif di platform tertentu.
- Membangun komunitas dan loyalitas audiens.

Studi Kasus: Storytelling Lanjutan dalam Proyek "Robot Kesepian"

- Pendalaman karakter dan alur cerita.
- Pemanfaatan visual dan audio secara kreatif.
- Adaptasi dan distribusi di berbagai platform.

Kesimpulan

Teknik storytelling lanjutan adalah kunci untuk mengangkat kualitas video visual cerita ke level berikutnya. Dengan narasi yang kompleks, karakter kuat, visual dan audio yang mendukung, serta adaptasi cerdas ke platform digital, kamu dapat menciptakan karya yang tak hanya menarik, tapi juga meninggalkan kesan mendalam bagi audiens.

Bab 42: Memanfaatkan Teknologi AI untuk Membantu Proses Kreatif dan Produksi Video Visual Cerita

Pendahuluan

Teknologi kecerdasan buatan (Artificial Intelligence/AI) kini semakin berkembang pesat dan menjadi alat yang sangat berguna dalam dunia kreatif, termasuk dalam produksi video visual cerita. AI dapat mempercepat proses kreatif, meningkatkan kualitas, dan membuka peluang baru dalam pembuatan konten. Di bab ini, kita akan membahas bagaimana kamu dapat memanfaatkan AI dalam berbagai tahapan pembuatan video visual cerita, dari ideasi hingga produksi dan distribusi.

Peran AI dalam Ideasi dan Penulisan Naskah

AI sebagai Asisten Kreatif untuk Brainstorming

- Tools AI seperti ChatGPT dan Jasper dapat membantu menghasilkan ide cerita, dialog, dan plot.
- Cara menggunakan prompt yang efektif untuk mendapatkan hasil terbaik.

Penulisan Naskah Otomatis

- AI membantu membuat draft naskah awal berdasarkan tema dan karakter yang diinginkan.

- Editing dan personalisasi naskah dengan sentuhan manusia agar tetap natural.

Penggunaan AI dalam Pembuatan Visual dan Animasi

AI untuk Desain Karakter dan Background

- AI generatif seperti DALL·E dan Midjourney membantu menciptakan konsep visual.
- Integrasi hasil AI dengan tools animasi seperti Blender atau Canva.

Otomatisasi Animasi

- Tools AI yang dapat mengubah gambar statis menjadi animasi sederhana.
- Penggunaan AI untuk motion capture dan animasi wajah.

AI untuk Pengolahan Suara dan Musik

Text-to-Speech dan Voice Cloning

- Menghasilkan suara narator atau karakter tanpa harus merekam langsung.
- Contoh tools: Google Text-to-Speech, Replica Studios.

Komposisi Musik AI

- Membuat musik latar sesuai mood dan tema video secara otomatis.
- Tools populer seperti AIVA dan Amper Music.

AI dalam Editing dan Post-Production

Otomatisasi Pengeditan Video

- Pemotongan klip otomatis, stabilisasi video, dan pengaturan warna.
- Tools AI yang dapat membantu mempercepat proses editing.

Peningkatan Kualitas Video

- Upscaling video resolusi rendah dengan AI.
- Penghilangan noise dan perbaikan audio.

AI untuk Optimasi Distribusi dan Pemasaran

Rekomendasi Konten dan Target Audiens

- Algoritma AI membantu mengidentifikasi audiens potensial.
- Personalisasi konten agar tepat sasaran.

Analisis Data dan Feedback

- Menggunakan AI untuk menganalisis performa video dan komentar.
- Strategi penyesuaian konten berdasarkan insight AI.

Tantangan dan Etika Penggunaan AI dalam Kreativitas

Hak Cipta dan Kredibilitas Karya AI

- Menjaga keaslian karya dan etika penggunaan konten yang dihasilkan AI.
- Bagaimana menggabungkan kreativitas manusia dan AI secara bertanggung jawab.

Keterbatasan AI dan Peran Kreator

- AI sebagai alat bantu, bukan pengganti kreativitas manusia.
- Pentingnya sentuhan personal dalam karya.

Studi Kasus: Penggunaan AI dalam Proyek "Robot Kesepian"

- Bagaimana AI membantu dari ide hingga produksi.
- Pengalaman dan pelajaran dari penerapan AI.

Kesimpulan

Teknologi AI merupakan alat yang powerful untuk mempercepat dan memperkaya proses produksi video visual cerita. Dengan pemahaman dan penggunaan yang tepat, AI dapat membantu kamu menciptakan karya yang lebih kreatif, efisien, dan berkualitas, sambil tetap menjaga nilai personal dan orisinalitas.

Bab 43: Strategi Membangun Komunitas Kreator dan Audiens Setia untuk Mendukung Karya Video Visual Cerita Kamu

Pendahuluan

Membangun komunitas yang kuat dan audiens setia merupakan salah satu kunci sukses jangka panjang dalam dunia kreatif, termasuk video visual cerita. Komunitas tidak hanya membantu menyebarkan karya kamu lebih luas, tetapi juga memberikan dukungan, inspirasi, dan feedback yang konstruktif. Di bab ini, kita akan membahas cara efektif membangun dan mengelola komunitas kreator serta audiens yang loyal, agar karya kamu terus berkembang dan mendapatkan apresiasi maksimal.

Memahami Pentingnya Komunitas dalam Dunia Kreatif

Fungsi Komunitas bagi Kreator

- Dukungan moral dan motivasi.
- Kolaborasi dan berbagi sumber daya.
- Sumber feedback yang berharga untuk pengembangan karya.

Audiens sebagai Bagian dari Komunitas

- Audiens bukan hanya penonton pasif, tapi partisipan aktif.
- Membangun hubungan yang saling menguntungkan.

Menentukan Target Komunitas dan Audiens Kamu

Analisis Karakteristik Audiens

- Usia, minat, dan kebutuhan mereka.
    - Platform dan media yang mereka gunakan.

Segmentasi Komunitas

- Mengelompokkan audiens berdasarkan minat spesifik.
    - Menyesuaikan konten dan komunikasi.

Membangun Kehadiran Online yang Kuat

Membuat Platform Komunitas

- Grup Facebook, Discord, Telegram, atau forum khusus.
    - Kelebihan dan kekurangan masing-masing platform.

Konsistensi dalam Membagikan Konten

- Jadwal posting rutin.
    - Memadukan konten edukasi, hiburan, dan interaksi.

Meningkatkan Interaksi dan Engagement

Strategi Konten yang Mengundang Partisipasi

- Polling, kuis, dan tantangan.
    - Live streaming dan sesi tanya jawab.

Menanggapi Komentar dan Feedback

- Menjaga komunikasi dua arah.
- Mengapresiasi kontribusi anggota komunitas.

Kolaborasi dengan Kreator Lain untuk Memperluas Jaringan

Manfaat Kolaborasi

- Menjangkau audiens baru.
- Belajar dari pengalaman kreator lain.

Cara Memulai dan Menjalin Kolaborasi

- Mencari kreator dengan visi dan gaya yang kompatibel.
- Membuat proposal kolaborasi yang menarik.

Membangun Loyalitas dan Dukungan Jangka Panjang

Program Eksklusif untuk Anggota Komunitas

- Konten premium, workshop, dan merchandise.
- Sistem reward dan penghargaan.

Mendorong User-Generated Content

- Mengajak audiens membuat karya terkait.
- Mengadakan lomba dan kompetisi.

Studi Kasus: Membangun Komunitas Sekitar Proyek "Robot Kesepian"

- Langkah awal membangun komunitas.
- Strategi engagement dan kolaborasi.
- Dampak komunitas terhadap perkembangan proyek.

Kesimpulan

Membangun komunitas kreator dan audiens setia adalah investasi berharga untuk keberlangsungan dan pertumbuhan karya video visual cerita kamu. Dengan pendekatan yang tepat, kamu tidak hanya mendapatkan dukungan tetapi juga memperluas jangkauan dan meningkatkan kualitas karya secara berkelanjutan.

Bab 44: Strategi Monetisasi Kreatif untuk Video Visual Cerita di Era Digital

Pendahuluan

Di era digital saat ini, peluang untuk menghasilkan pendapatan dari karya video visual cerita sangat beragam dan semakin terbuka lebar. Namun, untuk memonetisasi karya secara efektif, kamu perlu memahami berbagai strategi yang sesuai dengan jenis konten, audiens, dan platform yang digunakan. Bab ini akan membahas berbagai metode monetisasi kreatif yang dapat kamu terapkan, mulai dari penjualan langsung, monetisasi melalui platform, hingga cara mengoptimalkan pendapatan pasif.

Model Monetisasi Langsung

Penjualan Karya secara Langsung

- Menjual video sebagai produk digital melalui website pribadi atau marketplace seperti Gumroad, Sellfy.
- Menentukan harga yang sesuai dan strategi pemasaran.

Jasa Produksi Video Kustom

- Menawarkan jasa pembuatan video visual cerita untuk klien.
- Membuat paket harga sesuai kebutuhan dan kompleksitas proyek.

Monetisasi Melalui Platform Video

YouTube Partner Program

- Syarat dan ketentuan untuk monetisasi.
    - Cara mengoptimalkan iklan dan sponsor.

Monetisasi di TikTok dan Instagram Reels

- Program Creator Fund.
    - Kolaborasi brand dan konten bersponsor.

Vimeo On Demand dan Platform Berbayar Lainnya

- Cara menjual atau menyewakan video.
    - Manajemen lisensi dan distribusi.

Monetisasi Melalui Crowdfunding dan Donasi

Platform Crowdfunding Kreatif

- Kickstarter, Indiegogo, Patreon.
    - Strategi kampanye dan reward untuk pendukung.

Donasi dan Support Langsung

- Fitur donasi di YouTube, Twitch, dan platform lainnya.
    - Membangun loyalitas melalui apresiasi dan komunikasi.

Pendapatan Pasif dari Hak Cipta dan Lisensi

Menjual Lisensi Video dan Musik

- Cara menawarkan lisensi penggunaan konten ke perusahaan atau kreator lain.
    - Mengelola kontrak dan hak cipta.

Royalti dan Sinkronisasi Konten

- Pendapatan dari penggunaan konten di media lain seperti iklan dan film.
    - Kerja sama dengan agensi dan distributor.

Strategi Pemasaran untuk Meningkatkan Pendapatan

Membangun Brand dan Kredibilitas

- Pentingnya reputasi untuk meningkatkan nilai karya.
    - Meningkatkan visibilitas lewat media sosial dan SEO.

Menggunakan Email Marketing dan Newsletter

- Membangun database audiens.
    - Menawarkan produk dan promosi khusus.

Kolaborasi dan Partnership Strategis

- Menjalin kerja sama dengan brand dan kreator lain.
    - Memperluas pasar dan peluang monetisasi.

Mengelola Keuangan dan Pajak dari Pendapatan Kreatif

Mencatat dan Melaporkan Pendapatan

- Pentingnya pencatatan keuangan yang rapi.
- Konsultasi dengan ahli pajak.

Perencanaan Pajak dan Investasi

- Mengatur pajak penghasilan dan kewajiban bisnis.
- Menggunakan pendapatan untuk investasi pengembangan usaha.

Studi Kasus: Monetisasi Proyek "Robot Kesepian"

- Strategi monetisasi yang digunakan.
- Pendapatan dan tantangan yang dihadapi.
- Rencana pengembangan monetisasi ke depan.

Kesimpulan

Monetisasi video visual cerita adalah proses yang memerlukan strategi yang tepat dan kreatif. Dengan memanfaatkan berbagai metode, kamu dapat mengubah karya menjadi sumber pendapatan yang berkelanjutan dan mendukung pertumbuhan usaha kreatif.

Bab 45: Tips dan Trik Menghadapi Tantangan dan Krisis dalam Dunia Kreatif Video Visual Cerita

Pendahuluan

Dunia kreatif, khususnya dalam pembuatan video visual cerita, seringkali penuh dengan tantangan dan situasi yang tidak terduga. Mulai dari hambatan teknis, kendala waktu, hingga masalah motivasi dan mental kreator. Bab ini akan memberikan panduan lengkap bagaimana menghadapi berbagai tantangan tersebut dengan strategi yang efektif agar kamu tetap produktif dan kreatif dalam menghasilkan karya terbaik.

Mengenali Jenis Tantangan dalam Produksi Video Visual Cerita

Hambatan Teknis

- Masalah perangkat lunak dan perangkat keras.
  - Kendala dalam editing, rendering, dan export file.

Kendala Kreatif

- Writer's block dan kehilangan ide.
  - Kesulitan dalam menyusun narasi atau visual.

Manajemen Waktu dan Proyek

- Deadline yang ketat.
  - Mengatur workflow agar efisien.

Tantangan Emosional dan Mental

- Stres, burnout, dan motivasi menurun.
    - Tekanan dari harapan audiens atau klien.

Strategi Mengatasi Hambatan Teknis

Memperkuat Skill dan Pengetahuan Teknis

- Mengikuti tutorial dan kursus online.
    - Bergabung dengan komunitas untuk berbagi solusi.

Backup dan Manajemen Data

- Sistem backup berkala untuk mencegah kehilangan data.
    - Organisasi file yang rapi dan mudah diakses.

Memanfaatkan Tools dan Software yang User-Friendly

- Memilih perangkat lunak yang sesuai dengan kemampuan.
    - Memanfaatkan fitur otomatisasi untuk mempercepat proses.

Cara Mengatasi Kendala Kreatif

Teknik Brainstorming dan Mind Mapping

- Cara efektif menggali ide baru.
    - Menggunakan tools digital untuk mind mapping.

Membuat Jadwal Kreatif

- Menentukan waktu khusus untuk eksplorasi ide.
    - Memisahkan fase kreativitas dan produksi.

Mencari Inspirasi dari Berbagai Sumber

- Menonton film, membaca buku, dan mengikuti tren terkini.
    - Berinteraksi dengan komunitas kreatif untuk ide segar.

Manajemen Waktu dan Proyek yang Efisien

Membuat Timeline dan Deadlines Realistis

- Memecah proyek menjadi bagian kecil.
    - Menyusun milestone dan target harian/mingguan.

Teknik Pomodoro dan Fokus Kerja

- Memanfaatkan metode Pomodoro untuk meningkatkan produktivitas.
    - Mengurangi distraksi selama bekerja.

Delegasi dan Kolaborasi

- Membagi tugas dengan tim atau freelancer.
    - Memanfaatkan keahlian orang lain untuk mempercepat proses.

Menjaga Kesehatan Mental dan Motivasi

Teknik Relaksasi dan Mindfulness

- Latihan pernapasan dan meditasi.
  - Mengatur waktu istirahat yang cukup.

Membuat Goals yang Realistis dan Terukur

- Fokus pada kemajuan, bukan kesempurnaan.
  - Merayakan pencapaian kecil sebagai motivasi.

Mencari Dukungan dan Mentorship

- Bergabung dengan komunitas kreator.
  - Mencari mentor yang dapat memberikan bimbingan dan motivasi.

Mengelola Kritik dan Feedback Negatif

Sikap Terhadap Kritik

- Membedakan kritik konstruktif dan destruktif.
  - Mengambil pelajaran dari kritik yang membangun.

Mengelola Emosi saat Menghadapi Kritik

- Mengontrol reaksi dan emosi.
  - Menjaga profesionalisme dalam komunikasi.

Menggunakan Feedback untuk Perbaikan

- Memanfaatkan saran untuk pengembangan karya selanjutnya.
  - Menciptakan dialog positif dengan audiens.

Studi Kasus: Menghadapi Krisis dalam Proyek "Robot Kesepian"

- Tantangan teknis dan kreatif yang dihadapi.
    - Strategi yang diterapkan untuk mengatasi masalah.
    - Hasil dan pembelajaran dari pengalaman tersebut.

Kesimpulan

Menghadapi tantangan dan krisis dalam dunia kreatif adalah bagian alami dari proses produksi video visual cerita. Dengan strategi yang tepat, pengelolaan waktu, dan menjaga kesehatan mental, kamu dapat tetap produktif dan menghasilkan karya yang berkualitas tanpa kehilangan semangat.

Bab 46: Masa Depan Video Visual Cerita: Tren dan Teknologi yang Perlu Kamu Ketahui

Pendahuluan

Dunia video visual cerita terus berkembang seiring dengan kemajuan teknologi dan perubahan cara konsumen menikmati konten. Untuk tetap relevan dan kompetitif, kreator harus selalu mengikuti tren terbaru dan memahami teknologi yang akan mengubah cara kita membuat dan menyajikan cerita visual. Di bab ini, kita akan membahas tren utama dan teknologi yang akan membentuk masa depan video visual cerita.

Tren Utama dalam Video Visual Cerita

Video Pendek dan Micro-Content

- Popularitas platform seperti TikTok, Instagram Reels, dan YouTube Shorts.
    - Strategi membuat cerita yang kuat dalam durasi singkat.

Interaktivitas dan Konten Immersif

- Video interaktif yang mengajak audiens berpartisipasi.
    - Integrasi elemen gamifikasi dalam video.

Personalization dan Konten Berdasarkan Data

- Algoritma yang menyesuaikan konten sesuai preferensi audiens.
- Dampak personalisasi pada pengalaman menonton.

Teknologi Kunci yang Membentuk Masa Depan Video Visual Cerita

Kecerdasan Buatan (AI) dan Machine Learning

- AI dalam pembuatan naskah, editing, dan rekomendasi konten.
- Automasi produksi dan pengoptimalan workflow.

Realitas Virtual (VR) dan Augmented Reality (AR)

- Penggunaan VR untuk menciptakan pengalaman cerita yang imersif.
- AR sebagai alat untuk menambah lapisan informasi dan interaksi.

Teknologi 360 Derajat dan Video Spherical

- Video yang memungkinkan audiens memilih sudut pandang.
- Penggunaan di cerita petualangan dan dokumenter.

Evolusi Platform Distribusi dan Konsumsi Konten

Streaming dan On-Demand Content

- Dominasi platform seperti Netflix, Disney+, dan YouTube.
- Strategi distribusi multiplatform untuk menjangkau audiens lebih luas.

Social Media sebagai Media Utama Penyebaran

- Algoritma sosial yang memengaruhi viralitas konten.
- Cara memanfaatkan fitur-fitur terbaru di platform sosial.

Dampak Teknologi pada Proses Produksi

Virtual Production dan LED Volume

- Penggunaan layar LED besar sebagai latar digital.
- Efisiensi produksi dan fleksibilitas pengambilan gambar.

Cloud Collaboration dan Remote Work

- Kerja tim kreatif yang terdistribusi secara geografis.
- Tools kolaborasi real-time dan manajemen proyek.

Peluang dan Tantangan di Masa Depan

Peluang

- Akses teknologi yang semakin terjangkau.
- Diversifikasi model monetisasi dan audiens global.

Tantangan

- Persaingan yang semakin ketat.
    - Kebutuhan keterampilan baru dan adaptasi cepat.

Studi Kasus: Mengintegrasikan Teknologi Baru di Proyek "Robot Kesepian"

- Eksplorasi teknologi VR dan AI dalam produksi.
    - Hasil dan respon audiens terhadap inovasi tersebut.

Kesimpulan

Masa depan video visual cerita sangat menjanjikan dengan kehadiran berbagai teknologi canggih dan tren yang terus berubah. Kreator yang adaptif dan terbuka terhadap inovasi akan mampu menciptakan karya yang tidak hanya relevan tapi juga memukau audiens global.

Bab 47: Membangun Karier dan Brand Pribadi sebagai Kreator Video Visual Cerita Profesional

Pendahuluan

Dalam industri kreatif, membangun karier yang sukses tidak hanya bergantung pada kualitas karya, tetapi juga pada kemampuan membangun brand pribadi yang kuat. Brand pribadi yang baik akan membuka peluang kolaborasi, klien, dan penghasilan yang berkelanjutan. Bab ini akan membahas langkah-langkah strategis untuk membangun karier dan brand pribadi yang solid sebagai kreator video visual cerita profesional.

Memahami Pentingnya Brand Pribadi

Definisi dan Fungsi Brand Pribadi

- Apa itu brand pribadi?
    - Peran brand dalam membedakan kamu dari kreator lain.

Manfaat Brand Pribadi yang Kuat

- Meningkatkan kredibilitas dan kepercayaan.
    - Mempermudah akses peluang kerja dan proyek.
    - Membentuk hubungan jangka panjang dengan audiens.

Membangun Identitas Kreator yang Konsisten

Menentukan Nilai dan Visi Kreator

- Apa yang ingin kamu sampaikan lewat karya?
  - Nilai yang menjadi landasan dalam berkarya.

Membuat Gaya Visual dan Narasi yang Unik

- Konsistensi dalam penggunaan warna, font, dan tone.
  - Membangun gaya bercerita yang khas.

Membuat Logo dan Elemen Branding

- Pentingnya logo yang mudah dikenali.
  - Penggunaan elemen visual di semua platform.

Mengelola Kehadiran Online dengan Profesional

Website Portofolio

- Membuat website yang menampilkan karya terbaik.
  - Informasi lengkap tentang layanan dan kontak.

Media Sosial sebagai Wajah Brand

- Memilih platform yang sesuai dengan target audiens.
  - Konsistensi posting dan interaksi.

Blog dan Newsletter

- Membagikan insight, tips, dan cerita di balik karya.

- Membangun hubungan personal dengan audiens.

Membangun Jaringan dan Relasi Profesional

Bergabung dengan Komunitas Kreator

- Manfaat komunitas untuk belajar dan kolaborasi.
    - Cara aktif berkontribusi dalam komunitas.

Mengikuti Event dan Workshop

- Memperluas jaringan dan meningkatkan skill.
    - Mempromosikan karya secara langsung.

Membangun Hubungan dengan Klien dan Partner

- Menjaga komunikasi yang baik.
    - Membuat pengalaman kerja yang positif dan profesional.

Mengembangkan Skill dan Terus Belajar

Mengikuti Tren dan Teknologi Baru

- Pentingnya adaptasi dalam dunia kreatif.
    - Sumber belajar seperti kursus online dan tutorial.

Mengasah Skill Non-Teknis

- Soft skills seperti komunikasi dan manajemen waktu.
    - Pentingnya mindset dan sikap profesional.

Strategi Memasarkan Diri dan Karya

Membangun Pitch yang Efektif

- Menyusun presentasi diri yang menarik.
  - Menonjolkan keunikan dan keunggulan.

Memanfaatkan Testimoni dan Portofolio

- Bukti sosial untuk membangun kepercayaan.
  - Menampilkan hasil kerja yang berdampak.

Kolaborasi dan Partnership Strategis

- Membuka peluang pasar baru.
  - Memperkuat brand melalui kerja sama.

Studi Kasus: Perjalanan Membangun Brand Kreator "Robot Kesepian"

- Strategi personal branding yang diterapkan.
  - Pengalaman membangun jaringan dan relasi.
  - Dampak brand pada pengembangan karier dan proyek.

Kesimpulan

Membangun karier dan brand pribadi sebagai kreator video visual cerita adalah proses yang membutuhkan kesabaran, konsistensi, dan strategi yang tepat. Dengan identitas yang kuat dan jaringan yang luas, kamu dapat menciptakan peluang yang lebih besar dan karier yang berkelanjutan di industri kreatif.

Bab 48: Etika dan Tanggung Jawab Kreator dalam Membuat Video Visual Cerita

Pendahuluan

Sebagai kreator video visual cerita, tidak hanya keterampilan teknis dan kreativitas yang penting, tetapi juga pemahaman mendalam tentang etika dan tanggung jawab dalam berkarya. Karya yang dihasilkan tidak hanya mempengaruhi audiens secara estetika, tetapi juga dapat berdampak sosial, budaya, dan psikologis. Bab ini akan membahas prinsip-prinsip etika yang harus dijunjung tinggi dan bagaimana bertanggung jawab dalam proses pembuatan video visual cerita.

Memahami Etika dalam Dunia Kreatif

Definisi Etika Kreatif

- Pengertian etika dalam konteks produksi video.
    - Perbedaan antara etika dan legalitas.

Pentingnya Etika dalam Berkarya

- Dampak karya terhadap masyarakat.
    - Menjaga reputasi dan kredibilitas kreator.

Hak Cipta dan Penghormatan terhadap

Karya Orang Lain

Menggunakan Materi yang Legal dan Berlisensi

- Pentingnya penggunaan musik, gambar, dan footage yang legal.
- Cara mencari sumber bahan yang bebas royalti atau berlisensi Creative Commons.

Menghargai Hak Kekayaan Intelektual

- Memberikan kredit pada sumber yang digunakan.
- Hindari plagiarisme dan pencurian ide.

Representasi yang Adil dan Bertanggung Jawab

Menghindari Stereotip dan Diskriminasi

- Pentingnya representasi yang inklusif dan menghormati keberagaman.
- Menghindari konten yang mengandung bias, rasisme, atau pelecehan.

Sensitivitas terhadap Isu Sosial dan Budaya

- Memahami konteks sosial budaya dalam cerita.
- Menghindari konten yang bisa menimbulkan konflik atau ketidaknyamanan.

Transparansi dan Kejujuran dalam Penyajian Konten

Menghindari Manipulasi dan Misleading Content

- Kejujuran dalam narasi dan fakta yang disampaikan.
- Tidak menyebarkan informasi palsu atau hoaks.

Mengelola Iklan dan Sponsor dengan Jelas

- Memberikan penjelasan yang transparan pada konten bersponsor.
- Menjaga kepercayaan audiens.

Perlindungan Privasi dan Data

Menghormati Privasi Individu yang Terlibat

- Mendapatkan izin sebelum menampilkan orang lain.
- Menjaga kerahasiaan data pribadi.

Etika Penggunaan Data dan Feedback Audiens

- Menggunakan data audiens dengan bijak.
- Menghargai masukan dan menjaga komunikasi yang sopan.

Tanggung Jawab Kreator terhadap Audiens

Membuat Konten yang Positif dan Mendidik

- Menginspirasi dan memberikan nilai tambah kepada audiens.

- Menghindari konten yang merugikan atau memicu konflik.

Menanggapi Kritik dan Masukan dengan Dewasa

- Bersikap terbuka terhadap kritik.
  - Menggunakan masukan untuk perbaikan karya.

Studi Kasus: Implementasi Etika dalam Proyek "Robot Kesepian"

- Tantangan etis yang dihadapi selama produksi.
  - Keputusan etis yang diambil dan dampaknya.
  - Pelajaran yang dipetik untuk karya berikutnya.

Kesimpulan

Etika dan tanggung jawab adalah fondasi penting dalam dunia kreatif video visual cerita. Dengan menjunjung tinggi prinsip-prinsip ini, kreator tidak hanya menghasilkan karya yang berkualitas tetapi juga berkontribusi positif bagi masyarakat dan menjaga keberlanjutan kariernya.

Bab 49: Mengukur Kesuksesan dan Evaluasi Proyek Video Visual Cerita

Pendahuluan

Membuat video visual cerita adalah proses yang kompleks dan menantang, tapi bagian yang tidak kalah penting adalah mengetahui apakah karya tersebut berhasil mencapai tujuan yang diinginkan. Mengukur kesuksesan dan melakukan evaluasi terhadap proyek membantu kreator memperbaiki kualitas karya di masa depan, mengoptimalkan proses produksi, dan meningkatkan kepuasan audiens. Bab ini akan membahas cara-cara efektif untuk mengukur kesuksesan dan melakukan evaluasi menyeluruh terhadap proyek video visual cerita.

Menetapkan Tujuan dan Indikator Keberhasilan

Memahami Tujuan Proyek

- Apakah tujuan utama video (menghibur, edukasi, promosi, dll)?
    - Menentukan target audiens dan hasil yang ingin dicapai.

Indikator Keberhasilan (Key Performance Indicators/KPI)

- Jumlah views, likes, komentar, dan share.
    - Engagement rate dan feedback audiens.

- Konversi penjualan atau leads jika video untuk pemasaran.

Menggunakan Data Analytics untuk Evaluasi

Platform Analytics

- YouTube Analytics, Instagram Insights, TikTok Analytics, dll.
    - Cara membaca data statistik yang relevan.

Menganalisis Demografi Audiens

- Usia, lokasi, waktu menonton.
    - Memahami siapa yang menonton dan bagaimana perilaku mereka.

Tracking Performa Konten

- Video mana yang paling banyak mendapat perhatian.
    - Pola durasi menonton dan titik drop-off.

Evaluasi Kualitas Kreatif dan Produksi

Penilaian Visual dan Audio

- Apakah kualitas gambar dan suara sudah optimal?
    - Konsistensi estetika dan tema.

Narasi dan Alur Cerita

- Apakah cerita mudah dipahami dan menarik?
    - Feedback terkait pacing dan script.

Inovasi dan Kreativitas

- Sejauh mana video menampilkan unsur baru dan unik.
    - Respons audiens terhadap elemen kreatif.

Mengumpulkan Feedback Langsung dari Audiens

Survei dan Kuesioner

- Membuat pertanyaan yang menggali pengalaman menonton.
    - Menilai kepuasan dan saran perbaikan.

Komentar dan Diskusi

- Memantau dan menanggapi komentar secara aktif.
    - Mengambil insight dari percakapan audiens.

Focus Group dan Test Screening

- Menguji video pada kelompok kecil sebelum rilis.
    - Mendapatkan feedback lebih mendalam dan spesifik.

Refleksi dan Perbaikan Proses Produksi

Dokumentasi Proses dan Catatan Evaluasi

- Mencatat tantangan dan keberhasilan selama produksi.
    - Review internal tim kreatif.

Identifikasi Area untuk Peningkatan

- Teknis, kreatif, manajemen waktu, komunikasi.
  - Rencana perbaikan dan pelatihan.

Studi Kasus: Evaluasi Proyek "Robot Kesepian"

- Data performa video di berbagai platform.
  - Feedback audiens dan kritik membangun.
  - Langkah-langkah perbaikan untuk proyek berikutnya.

Kesimpulan

Evaluasi yang sistematis dan terstruktur sangat penting untuk mengukur kesuksesan dan terus meningkatkan kualitas karya video visual cerita. Dengan memanfaatkan data dan feedback audiens, kreator dapat membuat keputusan yang tepat dan memperkuat karier kreatif mereka.

Bab 50: Masa Depan dan Pengembangan Diri sebagai Kreator Video Visual Cerita

Pendahuluan

Menjadi kreator video visual cerita adalah perjalanan yang dinamis dan penuh tantangan. Dunia teknologi dan tren konten terus berubah, sehingga pengembangan diri menjadi kunci utama agar tetap relevan dan berkembang. Di bab terakhir ini, kita akan membahas bagaimana kamu bisa mempersiapkan diri menghadapi masa depan, terus belajar, dan mengembangkan karier sebagai kreator profesional.

Menyadari Pentingnya Pembelajaran Berkelanjutan

Dunia Kreatif yang Selalu Berubah

- Perkembangan teknologi baru dan alat produksi.
    - Tren dan preferensi audiens yang dinamis.

Sikap Terbuka untuk Belajar

- Mengakui bahwa pembelajaran tidak berhenti setelah menyelesaikan karya pertama.
    - Menjadi pembelajar seumur hidup.

Mengasah Skill Teknis dan Kreatif

Mengikuti Pelatihan dan Workshop

- Kursus online dan offline yang relevan.
- Workshop khusus seperti storytelling, animasi, dan editing.

Eksperimen dengan Teknik Baru

- Mencoba alat dan software terbaru.
- Bereksperimen dengan gaya bercerita dan format video.

Mengembangkan Soft Skills yang Penting

Komunikasi Efektif

- Berkomunikasi dengan klien, tim, dan audiens.
- Mendengarkan kritik dan masukan dengan baik.

Manajemen Waktu dan Proyek

- Mengatur deadline dan prioritas.
- Mengelola stres dan menjaga keseimbangan kerja-hidup.

Membangun Jaringan dan Komunitas Profesional

Berjejaring dengan Kreator Lain

- Kolaborasi untuk memperluas wawasan dan audiens.
- Membentuk kelompok belajar dan proyek bersama.

Ikut Komunitas Kreatif dan Event Industri

- Menghadiri konferensi dan pameran.
  - Mendapatkan inspirasi dan peluang kerja.

Memanfaatkan Teknologi untuk Pengembangan Diri

Menggunakan Platform Pembelajaran Digital

- YouTube tutorial, Udemy, Coursera, dan lainnya.
  - Forum dan grup diskusi online.

Tools untuk Produktivitas dan Kreativitas

- Aplikasi manajemen proyek.
  - Software editing dan animasi terkini.

Menyiapkan Diri untuk Tren Masa Depan

Realitas Virtual dan Augmented Reality

- Potensi storytelling imersif.
  - Memahami dasar teknologi VR dan AR.

Kecerdasan Buatan dalam Produksi Konten

- AI untuk otomatisasi editing dan produksi.
  - Memanfaatkan AI untuk ide kreatif dan pengoptimalan konten.

Menjaga Semangat dan Motivasi

Mengatasi Tantangan dan Kegagalan

- Memandang kegagalan sebagai pembelajaran.
    - Mencari dukungan dari komunitas dan mentor.

Merayakan Setiap Pencapaian

- Mengapresiasi proses dan hasil kerja.
    - Menetapkan tujuan jangka pendek dan panjang.

Studi Kasus: Perjalanan Berkelanjutan Kreator "Robot Kesepian"

- Bagaimana kreator terus belajar dan beradaptasi.
    - Strategi pengembangan karier dan inovasi.
    - Dampak positif pada karya dan audiens.

Kesimpulan

Masa depan kreator video visual cerita penuh dengan peluang dan tantangan. Dengan sikap terbuka untuk terus belajar, mengasah keterampilan, dan membangun jaringan, kamu dapat mengembangkan karier yang memuaskan dan berkelanjutan. Ingat, perjalanan kreatif adalah maraton, bukan sprint.

Penutup

Terima kasih telah mengikuti buku ini sampai bab terakhir. Semoga panduan ini membantumu menjadi kreator video visual cerita yang profesional dan sukses. Selamat berkarya dan jangan pernah berhenti bermimpi!

Indeks

Daftar Pustaka

1. Anderson, J. (2020). *The Art of Visual Storytelling: Creating Videos That Connect*. New York: Creative Media Press.
2. Canva. (2024). *Getting Started with Canva Video Editor*. Diakses darihttps://www.canva.com/features/video-editor/[1]
3. Duarte, N. (2012). *Resonate: Present Visual Stories that Transform Audiences*. Wiley.
4. Koster, R. (2013). *A Theory of Fun for Game Design* (2nd ed.). O'Reilly Media.
5. Manovich, L. (2001). *The Language of New Media*. MIT Press.
6. McKee, R. (1997). *Story: Substance, Structure, Style and the Principles of Screenwriting*. ReganBooks.
7. Owens, J. (2018). *Video Marketing for Beginners: Strategies and Tips to Grow Your Business*. MarketingPro.
8. Patel, N. (2023). *Mastering Social Media Video: Create Engaging Content with Limited Resources*. Digital Press.
9. Rees, J. (2015). *Visual Storytelling: The Art and Technique*. Routledge.
10. Smith, S. (2021). *Editing Video: Techniques and Tools for Beginners*. Focal Press.
11. Wroblewski, L. (2011). *Mobile First*. A Book Apart.
12. YouTube Creators Academy. (2024). *YouTube Analytics: Measuring Your Channel's Success*. Diakses darihttps://creatoracademy.youtube.com/page/lesson/analytics
13. Zettl, H. (2013). *Sight, Sound, Motion: Applied Media Aesthetics* (6th ed.). Wadsworth Publishing.

1. https://www.canva.com/features/video-editor/

Don't miss out!

Visit the website below and you can sign up to receive emails whenever Dayat Suryana publishes a new book. There's no charge and no obligation.

https://books2read.com/r/B-A-WJVDD-DFZAH

BOOKS 2 READ

Connecting independent readers to independent writers.

Did you love *Kreator Video dengan Canva*? Then you should read *90% Success*[2] by Dayat Suryana!

[3]

At 18, Adam Pratama just graduated from high school with big dreams of becoming a successful entrepreneur. Raised in a modest family and surrounded by a world that doesn't always believe in his vision, Adam is determined to prove everyone wrong. Armed with nothing but ambition and a five-year plan, he faces numerous obstacles, from financial struggles and family doubts to a lack of support from his peers. As he fights to turn his dreams into reality, Adam discovers that success is not just

2. https://books2read.com/u/49wZXX

3. https://books2read.com/u/49wZXX

about making money, but about resilience, faith, and the strength to never give up.

Throughout his journey, Adam's unwavering belief in God guides him through challenges, while his relationships, especially with Mira, a childhood friend who shares his dreams, become an anchor. In a world full of distractions and temptations, Adam must choose between the easy path and the hard road that leads to true success. With a deep faith and relentless work ethic, Adam learns that 90% of success lies in the struggle, and the last 10% is about never giving up.

90% Success is a story of hard work, perseverance, faith, and the power of love and friendship in a journey toward achieving one's dreams.

Also by Dayat Suryana

Adrian

Beyond the Shadow
Echoes of Tomorrow
Out of the Shadow's Reach
The Tapestry of Emotions
Beyond The Shadows: A Journey of Redemption
The Ripple Effect: Awakening
Echoes of the Shadow
Echoes of the Source
Beyond the Shadows: A Journey of Healing
Out of the Circle of Shadows
Breaking the Cycle: Escape from the Architects
Shadow Code
Shadows of the Past
Exit the Shadow Game
Beyond the Shadow: The Labyrinth's Echo
Echoes in the Code
Escaping the Circle of Shadows
The Shadow's Game

Kisah Teladan

Kisah Teladan Jilid 1

Kisah Teladan Jilid 2

Maya

Maya

Maya Series 2

Maya Series 3

Maya Series 4

Podcast Kreator Konten

Pengembangan Jangka Panjang

Mencapai Pertumbuhan Berkelanjutan

Mengoptimalkan Potensi Digital

Membangun Loyalitas Audiens

Membangun Jaringan Yang Kuat

Meningkatkan Kualitas Dan Keterlibatan

Meningkatkan Kualitas Dan Jangkauan Konten Kreator

Membangun Dan Mengembangkan Konten Digital

Meningkatkan Pengaruh Dan Kesuksesan Konten Digital

Pengelolaan Yang Efektif Untuk Kreator Konten

Standalone

Arka

Jejak Langkah Kolaborasi
Nexus: Shattered Realities
Nexus: Echoes of the Machine
The Quiet After the Storm
Power of Tomorrow
The Dawn of the Forgotten Era
The Trials of Solara
The Last Haven
The Wise King's Wall
The Forgotten Road
Menggapai Surga
Mount of Waste
Mengubah Sampah Menjadi Penghasilan
14 February
The Journey of Redemption: From Despair to Hope
The Heart's Faith
The Silence of the Net
Golden Mountain
Keindahan Akhlak dalam Kehidupan Seorang Pemuda
90% Success
Kreator Video dengan Canva
Algoritma: Seni Menguasai Konten
Penjaga Tersembunyi

www.ingramcontent.com/pod-product-compliance
Lightning Source LLC
LaVergne TN
LVHW050633051026
849532LV00002B/370

* 9 7 9 8 2 3 2 4 0 6 4 9 3 *